# 3. Schuljahr

*U. Stolz & L.-S. Kohl*

Überarbeitete Neuauflage

# Der Leseprofi

**3**

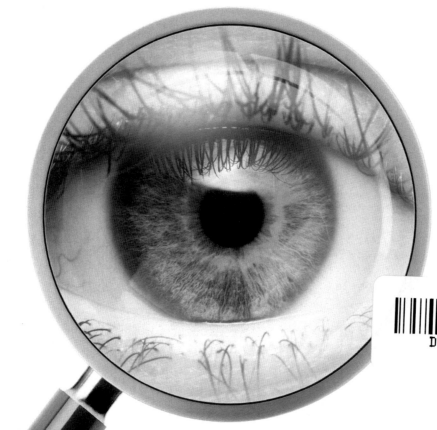

# Arbeitsheft

## Stärkung wichtiger Sekundärkompetenzen

Lernen mit Erfolg

**KOHL VERLAG**

www.kohlverlag.de

# Der Leseprofi / Arbeitsheft
## 3. Schuljahr

2. Auflage 2024

© Kohl-Verlag, Kerpen 2023
Alle Rechte vorbehalten.

<u>Inhalt</u>: Ulrike Stolz, Lynn-Sven Kohl
<u>Coverbild</u>: © by-studio - AdobeStock.com
<u>Redaktion</u>: Kohl-Verlag
<u>Grafik & Satz</u>: Kohl-Verlag
<u>Druck</u>: Druckerei Flock, Köln

**Bestell-Nr. 16 773**

**ISBN: 978-3-98841-112-9**

**Bildquellen:**

*(alle Adobestock.com, wenn nicht anderes angegeben)*

**Auf allen Seiten:** © rosifan19; **Seite 2:** © Africa Studio; **Seite 6:** © gudkovandrey; **Seite 7:** © ROMAN; **Seite 8:** © Andreas Gruhl; **Seite 9:** © Andreas Gruhl; **Seite 10:** © Stephan Haerer; **Seite 11:** © 4kclips; **Seite 12:** © S.Kobold; **Seite 13:** © WoGi; **Seite 14:** © S.Külcü; **Seite 15:** © A. Hartung; **Seite 16:** © M. Johannsen; **Seite 17:** © Kara; **Seite 18:** © eyetronic; **Seite 19:** © chamillew; **Seite 20:** © Christian Schwier; **Seite 22:** © Sergey Ryzhov; **Seite 23:** © smicholl; **Seite 24:** © zukamilov; **Seite 25:** © Alexander Limbach; **Seite 26:** © Katja; **Seite 27:** © darlachekman; **Seite 28:** © Syda Productions; **Seite 29:** © Suplim; **Seite 30:** © tinadefortunata; **Seite 31:** © stockphoto-graf; **Seite 32:** © Jillian; **Seite 33:** © Vasca; **Seite 34:** © Bartl1983; **Seite 35:** © Jan; **Seite 36:** © Christian Schwier; **Seite 37:** © missty; **Seite 38:** © clipart.com; **Seite 39:** © Maxim Kazmin; **Seite 40:** © benjaminnolte; **Seite 41:** © iconshow; **Seite 42:** © Andrey Popov; **Seite 43:** © jokatoons; **Seite 44:** © Dmytro Panchenko; **Seite 46:** © Andrey Kuzmin; **Seite 47:** © Oleg; **Seite 48:** © ThomBal; **Seite 49:** © Goldengel; **Seite 51:** © Mareen Vandelay; **Seite 53:** © Mareen Vandelay; **Seite 54:** © Umair; **Seite 55:** © Artwork Vektor; **Seite 56:** © Andriy Medvediuk; **Seite 57:** © Gorodenkoff; **Seite 58:** © marog-pixcells; **Seite 59:** © Evgeniya Biriukova

## Unsere Lizenzmodelle

## Der vorliegende Band ist eine Print-<u>Einzellizenz</u>

Sie wollen unsere Kopiervorlagen auch digital nutzen? Kein Problem – fast das gesamte KOHL-Sortiment ist auch sofort als PDF-Download erhält-lich! Wir haben verschiedene Lizenzmodelle zur Auswahl:

| | Print-Version | PDF-Einzellizenz | PDF-Schullizenz | Kombipaket Print & PDF-Einzellizenz | Kombipaket Print & PDF-Schullizenz |
|---|---|---|---|---|---|
| Unbefristete Nutzung der Materialien | x | x | x | x | x |
| Vervielfältigung, Weitergabe und Einsatz der Materialien im eigenen Unterricht | x | x | x | x | x |
| Nutzung der Materialien durch alle Lehrkräfte des Kollegiums an der lizensierten Schule | | | x | | x |
| Einstellen des Materials im Intranet oder Schulserver der Institution | | | x | | x |

*Die erweiterten Lizenzmodelle zu diesem Titel sind jederzeit im Online-Shop unter www.kohlverlag.de erhältlich.*

# Inhalt

DER LESEPROFI – ARBEITSHEFT / Klasse 3 – Fit durch Lesetraining! (überarbeitete Ausgabe 2023) – Bestell-Nr. 16 773

Lernen mit pfiff KOHL VERLAG

# Vorwort

## Profi! Wie wird man das?

Das ist eine berechtigte Frage. Und dann auch noch <u>Leseprofi</u>?
Gerade in diesem grundlegenden Bereich ziehen sich die Schwierigkeiten unserer Schülerinnen und Schüler durch alle Altersstufen und alle Schularten. In den letzten Jahren ist die Schule nicht zur Ruhe gekommen. ständig wurden und werden neue oder alte Ansprüche formuliert. Ansprüche an Schüler und Lehrer. Sobald die Ansprüche zum Trend werden, versuchen sich die Schulen dem Trend anzupassen oder sich ihm zu stellen. Unabhängig von wechselnden Trends versucht der Kohl-Verlag mit seinem ständig aktualisieren Programm einen bewährten zeitlosen Förderansatz zu verwirklichen: Fördern durch Fordern!
Das Fordern schließt die Überforderung aus, indem Sie, werte Kolleginnen und Kollegen, differenzieren und individualisieren. Die Arbeitsaufträge und Aufgaben werden dem Schüler zugeordnet, der sie bei mittlerer Anstrengung sicher bewältigen kann. Unsere Aufgabe sehen wir darin, das geeignete Fördermaterial zu entwickeln und anzubieten. Ein solches Fördermaterial, das diesen Ansprüchen gerecht wird und den Problemen entgegenwirkt, wurde mit dem Leseprofi-Arbeitsheft entwickelt. Es wird neben der Lesetechnik und Lesefertigkeit auch das Textverständnis trainiert. Ein <u>fragendes</u> <u>Denken</u> soll mit Hilfe dieser Arbeitsblätter gefördert werden. Lesen und verstehen wird mit Aufgabentypen der verschiedensten Art gefördert.

Aber was ist überhaupt Lesen? Worauf kommt es denn nun wirklich an?
Lesen ist Sinnentnahme aus allen möglichen Texten. Das reicht von der täglichen Fernsehprogrammbeschreibung bis zum wissenschaftlichen Text. Dabei gibt es diesen entscheidenden Lerneffekt: Wichtiges von Unwichtigem zu unterscheiden! Das geht nur durch Lesen und gleichzeitiges Verstehen!

Der Aufbau der Arbeitsblätter zielt vor allem auf das Verstehen des Gelesenen ab. Dabei geht das natürlich nicht immer, ohne auch zu schreiben. Denn nur, wer etwas Gelesenes auch „aufschreiben" kann, der hat den Sinn des Gelesenen auch verstanden.

Da wir aber die unterschiedlichsten Voraussetzungen unserer Schülerinnen und Schüler kennen, wird auch auf das Erlesen von Silben Wert gelegt. Denn Silben sind die kleinsten logischen Einheiten beim Lesen.

Die 27 Einheiten im Heft sind nach Schwierigkeit sortiert - von einfach bis schwierig. Auf den Arbeitsblättern wird aber aus Gründen der Benachteiligung bewusst darauf verzichtet. Kein Schüler muss wissen, dass der Lehrer/die Lehrerin ihm/ihr „nur" einen leichten Text gibt. So kann man die Schülerin/den Schüler schneller positiv bestärken, mit dem konkreten Hinweis auf sein konzentriertes Arbeiten. So fördert man Motivation und Konzentration.

Frei nach dem Motto „Wer nicht fragt, bleibt dumm!" gibt es natürlich in jedem Text auch einmal Wörter zu erklären. Meistens ist dies im Text nur auf ein bis zwei unbekannte Wörter beschränkt, sodass die Schülerin/der Schüler sich mit diesem Begriffen und ihren Bedeutungen auseinandersetzen kann. Möchte man den Lese-Wortschatz erweitern, müssen neue unbekannte Wörter/Begriffe eingebaut werden. Diese werden aus dem Kontext heraus oder durch zusätzliche Erklärungen mit Inhalt gefüllt. ,Dies kann die Schüler auch zum Nachschlagen von Begriffen in Lexika führen.

Zusätzliches Material zum Leseprofi-Arbeitsheft bietet der passende Leseprofi der jeweiligen Jahrgangsstufe. Alle diese Materialien können aber auch unabhängig voneinander eingesetzt werden. Das Leseprofi-Arbeitsheft macht jeden Schüler zum Profi, weil das wichtigste Ziel beim Lesen verfolgt und erreicht wird:
Unwichtiges von Wichtigem lesend zu trennen!

An dieser Stelle möchten wir uns für die Unterstützung bei Sylvia Hielscher, Wolfgang Wertenbroch und Erich van Heiss ganz herzlich bedanken.

Ihnen und Ihren Schülern wünschen wir viel Erfolg und Freude mit den vorliegenden Kopiervorlagen.

Ihr Kohl-Verlagsteam,

## Lynn-Sven Kohl & Ulrike Stolz

# Methoden

## So wird mit dem Leseprofi-Arbeitsheft gearbeitet!

<u>So kann der Schüler/die Schülerin mit dem Leseprofi arbeiten:</u>

- Der Text wird gelesen. Eventuell wird er auch ein zweites Mal gelesen.
  Zuvor sollte jeder Lehrer prüfen, ob Begriffe des Textes für seine Schüler unbekannt sind. Denn so individuell, wie unsere Schüler sind, sollten auch unbekannte Begriffe individuell gelernt und erklärt werden.
- Die Aufgabentypen der Arbeitsblätter werden am besten der Reihe nach bearbeitet. Denn jede Einheit ist mit Aufgaben von einfach nach schwierig gegliedert. Schwache Schüler können daher auch nur das erste Arbeitsblatt einer Einheit erhalten. So kann jeder Lehrer individuell den Ansprüchen seiner Schüler gerecht werden und differenzieren.
- Die Aufgabentypen der Arbeitsblätter sind in verschiedene Bereiche aufgeteilt. Es werden, von Silben ausgehend, Wörter gebildet. Aus den Wörtern werden Sätze „gebaut", die auf den Sinn des Textes eingehen.
- Einzelne Einheiten enthalten zusätzlich Aufgaben zur Grammatik und Rechtschreibung.,

<u>Zusätzliche Ideen und Überlegungen für den Lehrer:</u>

- Da die Texte nach Schwierigkeitsgraden im Heft sortiert sind, auf dem Blatt aber nicht als leicht oder schwierig gekennzeichnet wurden, hat der Lehrer die Möglichkeit, <u>jeden</u> Schüler positiv zu bestärken.
  Dabei sollte ganz konkret gesagt werden, was ein Schüler toll gemacht hat (z.B. hat er sich prima konzentriert). Allgemeines Lob wird auch nur allgemein wahrgenommen. Deshalb sollte man immer das gewünschte Verhalten konkret benennen und loben.
- Schwache Schüler profitieren von den Aufgabentypen in den verschiedenen Schwierigkeitsgraden. Sie werden mit jedem Arbeitsblatt ein Erfolgserlebnis erzielen.
- Überschriften machen neugierig. Sie stimmen auf mögliche Inhalte des Textes ein. In einem einstimmenden Gesprächskreis können Vermutungen geäußert werden, die motiveren (z.B.: Woran denkst du bei dieser Überschrift? Was könnte im Text vorkommen? Wovon könnte er handeln? usw.) Schüler haben dann eine Erwartungshaltung und sind gespannt darauf, was der Text nun wirklich zu bieten hat.
- Der Lese-Wortschatz wird durch nicht so geläufige Begriffe erweitert. Aus dem Kontext heraus werden sie mit Inhalt gefüllt.
- Die Texte können als Vorlage benutzt werden, um zu lernen, Unwichtiges zu streichen und das Wichtige in Stichwörtern zusammenzufassen. Eine Folge wird sein, dass auch eigene Texte mit Wichtigem/den Kernaussagen gefüllt sein werden.
  Das Leseprofi-Arbeitsheft fördert das Textverständnis auch für völlig unbekannte Texte, da methodisch (in jedem Arbeitsblatt von einfach nach schwierig), abwechslungsreich und sinnerschließend vorgegangen wird. Der Schüler merkt sich nur das Wesentliche!

KOHL VERLAG    DER LESEPROFI – ARBEITSHEFT / Klasse 3    Bestell-Nr. 16 773
Fit durch Lesetraining!  (überarbeitete Ausgabe 2023)

# 1　Wale

Man nannte sie früher „Walfische", denn sie leben im Wasser wie Fische und sehen auch aus wie Fische. Da sie aber lebende Junge zur Welt bringen, gehören sie zu den Säugetieren. Zu den Walen gehören auch die Delfine. Beide gehören zu den intelligentesten Tieren des Planeten. Sie verständigen sich mit Sprachen, die die Forscher noch nicht entschlüsseln konnten. Die Blauwale sind die größten Tiere, die jemals auf der Erde gelebt haben. Sie werden 30 Meter lang und über 100.000 kg schwer. Leider jagen die Menschen die Wale so stark, dass die meisten Walarten vom Aussterben bedroht sind.

*98 Wörter*

---

| 1. Lernschritt | *Fülle die Lücken mit den passenden Wörtern.* |
|---|---|

a) Wale nannte man früher _____ .

b) Wale sind Säugetiere. _____ gehören auch zu den Walen.

c) Da die Wale so stark bejagt werden sind sie vom

_____ bedroht.

---

| 2. Lernschritt | *Zerlege die folgenden Wörter in einzelne Silben und setze die Silbenbögen an die richtigen Stellen. Lies dabei laut Silbe für Silbe.* |
|---|---|

**Beispiel:** Del fi ne

a) Planeten

b) Walarten

c) Blauwale

d) intelligentesten

# 1 Wale

**3. Lernschritt**

Suche aus der unten abgebildeten Buchstabenschlange alle
Wörter aus dem Text heraus. Umkreise sie und schreibe
sie anschließend unten auf.

frasdelebendekomigehörendalischwerüblangendujagenfor

_____

**4. Lernschritt**

Unten siehst du „Schüttelwörter". Hier sind die Buchstaben
durcheinandergeraten. In jedem „Schüttelwort" aus dem Text
versteckt sich aber ein Buchstabe, der nicht dazugehört.
Zusammen ergeben diese Buchstaben ein Lösungswort.
Schreibe auch das Wort aus dem Text auf.

|  | Wort aus dem Text | übriger Buchstabe |
|---|---|---|
| a) scheMeinn | _____ | _____ |
| b) fileDTen | _____ | _____ |
| c) Srechpae | _____ | _____ |
| d) rreFhcsi | _____ | _____ |

Lösungswort: _____

**5. Lernschritt**

Erkläre, was das Wort
„aussterben" bedeutet.

_____

_____

DER LESEPROFI – ARBEITSHEFT / Klasse 3
Fit durch Lesetraining! (überarbeitete Ausgabe 2023) – Bestell-Nr. 16 773
KOHL VERLAG

## 2  Fischfang in den Tropen

Die Fischer fahren hinaus, wenn der Morgen dämmert. Sie benutzen ihre Einbäume. Sie legen Reusen aus Weidengeflecht in das Wasser. Sie sehen wie kleine Körbchen aus. Die Fische schwimmen hinein und finden nicht mehr heraus. Am Abend wird die ganze Reuse voll sein und die Familie des Fischers wird satt. Weil es sehr heiß ist, müssen die Fische bald gegessen werden. Die Fischer haben auch ein großes Netz mit. Es ist am Einbaum befestigt. Sie fahren zum Strand zurück und bringen die Fische mit. An Stöcke gebunden werden die Fische nach Hause transportiert. Eine Plastiktüte aus dem Supermarkt gibt es hier nicht.

*106 Wörter*

---

| 1. Lernschritt | *Im Buchstabengitter verstecken sich mehrere Wörter aus dem Text. Du darfst waagrecht (⇨ von links nach rechts), senkrecht (⇩ von oben nach unten) und diagonal suchen. Umkreise alle Wörter und schreibe sie unten auf die Linien.* |

| K | I | P | L | L | O | M | R | I | K | F | H | E | S |
|---|---|---|---|---|---|---|---|---|---|---|---|---|---|
| J | W | G | V | M | O | R | G | E | N | A | S | I | S |
| H | A | Ä | O | L | M | M | E | N | B | E | S | T | A |
| J | S | T | A | L | D | D | S | X | O | Ü | T | I | U |
| I | S | O | L | B | O | H | A | U | R | K | B | Z | L |
| D | E | K | U | Ö | E | L | K | U | E | J | M | I | O |
| A | R | T | M | E | I | N | B | Ä | U | M | E | K | R |
| F | E | A | E | Ä | L | Ü | D | L | S | E | L | Ü | I |
| D | R | K | N | F | I | S | C | H | E | P | A | P | G |
| E | T | I | S | G | U | K | S | I | N | M | K | Ä | D |
| E | P | L | A | S | T | I | K | T | Ü | T | E | U | T |

✎ _____

_____

**2** Fischfang in den Tropen

---

2. Lernschritt | Überlege dir 3 Fragen zum Text. Beantworte deine Fragen selbst. Anschließend kannst du deine Fragen einem Mitschüler geben. Der soll sie beantworten.

- ✏ _____

- _____

- _____

---

3. Lernschritt | Erkläre mit deinen eigenen Worten, was diese Wörter bedeuten. Du darfst in deiner Erklärung dieses Wort nicht benutzen.

Reuse: ✏ _____

_____

Einbaum: _____

_____

---

4. Lernschritt | Bei den folgenden Sätzen wurde einiges falsch gemacht. Schreibe die Wörter in der richtigen Groß- und Kleinschreibung. Schaue dabei aber nicht mehr im Text nach. Schreibe in dein Heft / in deinen Ordner.

- a) Sie Legen reusen Aus weidengeflecht In Das wasser.
- b) Die fische schwimmen in die reusen aus weidengeflecht.
- c) Weil Es Hier Sehr Heiß Ist, Müssen Die Fische Bald Gegessen Werden.
- d) Eine plastiktüte aus dem supermarkt gibt es hier nicht.

DER LESEPROFI – ARBEITSHEFT / Klasse 3
Fit durch Lesetraining! (überarbeitete Ausgabe 2023) – Bestell-Nr. 16 773
Lernen mit Erfolg
KOHL VERLAG

# 3 Die Chinesische Mauer

Die Kaiser von China ließen mehrere hundert Jahre lang eine Mauer bauen. Die sollte sie vor Feinden schützen. Besonders die Reitervölker im Norden waren gefährlich. Die Mauer ist 2500 km lang geworden. Das ist genauso lang, wie die Strecke von Afrika nach Südamerika. An manchen Stellen ist sie zwölf Meter dick. Sie windet sich über die Berge und durch die Ebenen. In regelmäßigen Abständen stehen Wachtürme. Von hieraus kann man weit sehen. Aber so massiv wie sie gebaut ist, wird sie die Jahrhunderte überdauern. Jetzt ist sie eine Attraktion für Touristen. Lange wurde behauptet, die chinesische Mauer sei das einzige Bauwerk der Erde, das man vom Mond aus mit bloßem Auge sehen könne. Aber das stimmt nicht.

*120 Wörter*

---

**1. Lernschritt**  *Unterstreiche die Antworten zu den folgenden Aufgaben im Text.*

    a) Wieso ließen die Kaiser von China eine Mauer bauen?

    b) Was kann man von den Wachtürmen aus?

    c) Was ist die Chinesische Mauer jetzt?

---

**2. Lernschritt**  *Wenn du die Silben aus der Silbenwand richtig zusammensetzt, entdeckst du Wörter aus dem Text. Schreibe sie unten richtig auf.*

| Rei | | ge | nen | ker | | ge |
|-----|-----|-----|-----|-----|-----|-----|
| be | Ber | fähr | me | Bau | lich | E |
| tür | werk | | ter | Wach | | völ |

_____

_____

## 3 Die Chinesische Mauer

**3. Lernschritt** — a) Was bedeutet das Wort „Attraktion"?

_____

_____

b) Was bedeutet das Wort „Touristen"?
Erkläre, was „Touristen" sind und was sie machen.

_____

_____

**4. Lernschritt** — Im Text befinden sich Tintenkleckse. Kannst du ihn trotzdem lesen? Bestimmt ... Setze die richtigen Buchstaben in die Kleckse ein.

Die K    ser von China l    ßen mehrere

hundert J    re lang eine M    r bauen.

Die so    te sie vor F    nden schü    en. Besonders die Reitervölker

im Nor    en w    en gef    lich. Die Mauer ist 2500 km l    g

geworden. Das ist gen    o lang, wie d    Stre    e von Afr    a

nach Südamer    a. An man    en Ste    en ist sie zw    Meter

dick. Sie windet sich über die B    e und durch die E    nen. In

regelmä    igen Ab    nden stehen Wa    ürme. Von hieraus

kann man weit se    n. Aber so m    iv wie sie gebaut ist, wird sie

die J    hunderte überdauern. Jetzt ist sie eine A    raktion für

T    isten. Lange wurde behauptet, die chinesi    e Mauer sei das

einzige Bau    der Erde, das man vom Mond aus mit bl    em Auge

sehen könne. Aber das stimmt nicht.

DER LESEPROFI – ARBEITSHEFT / Klasse 3
Fit durch Lesetraining! (überarbeitete Ausgabe 2023) – Bestell-Nr. 16 773
KOHLVERLAG
Lernen mit Erfolg

# 4  Das Schwimmbad

Dörte hat zwei ältere Brüder, Paul und Andreas. Paul ist zehn Jahre alt und Andreas, den sie auch Andi nennen, ist zwei Jahre älter. Mit ihren 8 Jahren ist Dörte das Nesthäkchen. Das lassen die beiden Großen sie auch spüren. Brüder können so gemein sein! Den Weg ins Schwimmbad geht Dörte heute das erste Mal allein. Es ist nicht weit von ihrer Ferienwohnung entfernt und sie hat nur eine Straße zu überqueren. Dort soll sie ihre Brüder treffen, denn allein schwimmen ist ja langweilig. Ihre Augen suchen das Nichtschwimmerbecken ab. Niemand ist da! Wo können sie nur sein? Enttäuscht geht sie zurück. Später kommen Paul und Andi heim. Sie haben einen Freund getroffen und bei ihm Eis gegessen. Mutter ist echt sauer und die beiden haben für einen Tag Stubenarrest.

*131 Wörter*

---

| 1. Lernschritt | *Verbinde die richtigen Aussagen.* |

○ … noch Nichtschwimmerin.

**a)** Mit ihren 8 Jahren ist Dörte … ○     ○ … das Nesthäkchen.

○ … der Neuling.

○ … allein schwimmen ist ja langweilig.

**b)** Im Schwimmbad soll sie ihre Brüder treffen, denn … ○     ○ … allein schwimmen ist großartig.

○ … allein schwimmen macht richtig Spaß.

○ … für einen Tag Stubenarrest.

**c)** Mutter ist echt sauer und die beiden haben … ○     ○ … für einen Tag Stubendienst.

○ … für einen Tag sturmfrei.

# 4   Das Schwimmbad

## 2. Lernschritt   *Beantworte die Fragen zum Text in vollständigen Sätzen.*

a) Was lassen die beiden Großen Dörte spüren?

🖉 _____

b) Wieso soll Dörte im Schwimmbad ihre Brüder treffen?

_____

## 3. Lernschritt   *Was bedeutet das Wort „Stubenarrest"? Erkläre, was es bedeutet, wenn man Stubenarrest erteilt bekommt.*

🖉 _____

_____

_____

_____

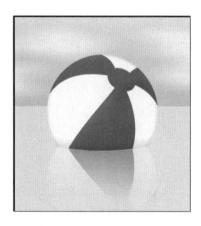

## 4. Lernschritt   *Im Text sind keine Leerstellen gesetzt worden. Deshalb sind alle Wörter direkt hintereinander aufgeschrieben worden. Trenne die Wörter mit einem Strich.*

<u>Beispiel</u>: Dörte|ist|das|Nesthäkchen|

DenWeginsSchwimmbadgehtDörteheutedaersteMalalleinEsistnicht
weitvonihrerFerienwohnungentferntundsiehatnureineStraßezu
überquerenDortsollsieihreBrüdertreffen,dennalleinschwimmenistja
langweiligIhreAugensuchendasNichtschwimmerbeckenab.Niemandist
da!Wokönnensienursein?Enttäuschtgehtsiezurück.

DER LESEPROFI – ARBEITSHEFT / Klasse 3   Fit durch Lesetraining! *(überarbeitete Ausgabe 2023)* – Bestell-Nr. 16 773   KOHL VERLAG

# 5  Fischmarkt

In den Bergen macht Malin mit ihrer Familie am liebsten Urlaub. Aber sie wohnen in Hamburg, einer Millionenstadt im Norden. Da gibt es jeden Sonntagmorgen den Fischmarkt. Du denkst wohl, dass man da nur Fische kaufen kann — aber das ist ganz falsch. Dort gibt es **alles**. Die vielen Buden und Stände bieten alles an, was man brauchen könnte: Obst und Gemüse aus den Anbaugebieten vor der Stadt, Wurst und Käse, Pflanzen und Kleintiere, sogar Spielzeug und natürlich viele Würstchenbuden. Malin liebt diesen Markt, auch wenn man dafür früh aufstehen muss. Es geht schon um sechs Uhr los und um zehn tönen die Sirenen: Der Fischmarkt endet. Es herrscht dort ein solches Gedränge, dass man schnell verloren gehen kann. Deshalb muss sie immer an der Hand ihrer Mutter laufen. Das findet sie ziemlich doof.

*134 Wörter*

---

**1. Lernschritt**   *Trenne die folgenden Wörter in ihre Sprechsilben. Lies die Silben dabei laut.*

**Beispiel:** De͜l fi ne

Millionenstadt          Würstchenbuden          Kleintiere

Anbaugebieten          Sirenen          ziemlich

---

**2. Lernschritt**   *Bilde aus den Wörtern Sätze. Überprüfe danach, ob du auch den Sinn im Text „Fischmarkt" behalten hast.*

a) Fischmarkt — Buden — Malin

 _____

b) verloren — Hand — doof

_____

---

**3. Lernschritt**   *Was bedeutet der Begriff „Gedränge"? Versuche mit deinen eigenen Worten zu erklären, wieso auf dem Fischmarkt Gedränge herrscht. Schreibe in dein Heft.*

DER LESEPROFI – ARBEITSHEFT / Klasse 3

# 5 Fischmarkt

| 4. Lernschritt |
|---|

*Fülle die Lücken mit den richtigen Wörtern aus dem Text, ohne nochmals nachzusehen.*

a) Malin macht mit ihrer Familie am liebsten

Urlaub in _____ .

b) Am Sonntagmorgen gibt es in Hamburg den _____ .

c) Das Obst und Gemüse kommt aus den _____
vor der Stadt.

d) Für diesen Markt muss man _____ .

| 5. Lernschritt |
|---|

*Bei den Sätzen unten ist etwas schiefgelaufen. Verbessere die Sätze so, dass sie den gleichen Sinn haben wie im Text.*

a) Auf dem Fischmarkt kann man nur Fisch kaufen.

_____

b) Die vielen Buden bieten Obst und Gemüse aus Holland.

_____

c) Es geht erst spät am Vormittag um elf los.

_____

| 6. Lernschritt |
|---|

*Überlege dir 3 Fragen zum Text. Beantworte deine Fragen selbst. Gib sie dann einem Mitschüler, der sie beantworten soll.*

- _____
- _____
- _____

DER LESEPROFI – ARBEITSHEFT / Klasse 3
Fit durch Lesetraining! (überarbeitete Ausgabe 2023) – Bestell-Nr. 16 773
KOHL VERLAG

# 6 Hafen

Familie Hagemann, so heißt Elenas Familie, macht am Sonntag gerne einen besonderen Ausflug. Eine Rundfahrt mit einer Barkasse durch das Hafenbecken von Hamburg ist ihr Ziel. Eine Barkasse ist ein flaches Motorschiff, mit dem man ganz nah an die großen „Pötte" heranfahren kann. So nennt man die Ozeanriesen und Containerschiffe. Elena liebt es, an Deck zu stehen und den Wind zu spüren, der ihr die Haare verwuschelt. An Bord gibt es immer eine Lautsprecherstimme, die über die Schiffe berichtet, die gerade im Hafen liegen. Man nennt ihn „He lücht", was soviel heißt wie „er lügt". Er erzählt zwar viel Wahres, aber er hält auch gern mal seine Zuhörer zum Narren. Neulich hat er allen Ernstes behauptet, am Bananenschuppen würden die Bananen wieder gerade gebogen!

*125 Wörter*

---

**1. Lernschritt** — *Verbinde die Silben zu vollständigen Wörtern. Schreibe sie unten auf und lies dabei Silbe für Silbe laut.*

| | | | | | |
|---|---|---|---|---|---|
| be | schiff | pen | | wu | tor | Laut |
| tai | Ha | stim | de | Mo | fen | son | me |
| cken | | ner | | | Con | | be | ren |
| na | cher | | schiff | schelt | spre | be | Ba |
| | | schup | | ver | | nen | |

🖉 _____

_____

**2. Lernschritt** — *Unterstreiche im Text die passenden Antworten zu den folgenden Fragen.*

a) Wer macht einen besonderen Ausflug?

b) Was ist das Ziel der Rundfahrt?

c) Wie nennt man die Lautsprecherstimme auf der Barkasse?

| 3. Lernschritt | Unten siehst du „Schüttelwörter". Hier sind die Buchstaben durcheinandergeraten. In jedem „Schüttelwort" aus dem Text versteckt sich aber ein Buchstabe, der nicht dazugehört. Zusammen ergeben diese Buchstaben ein Lösungswort. Schreibe auch das Wort aus dem Text auf. |

Wort aus dem Text      übriger Buchstabe

a) Narerfn     _____     _____

b) kaBaerssa     _____     _____

c) fuhtrRandH     _____     _____

d) Hreeaa     _____     _____

e) Zrunöher     _____     _____

Lösungswort: _____

| 4. Lernschritt | Bei den folgenden Sätzen ist einiges schiefgelaufen. Verbessere sie so, dass sie wieder den gleichen Sinn wie im Text haben. Schreibe in dein Heft. |

a) Eine Barkasse ist ein hohes Motorschiff, mit dem man nicht an die großen „Pötte" heranfahren kann.

b) Elena hasst es, an Deck zu stehen und den Wind zu spüren, der ihre Haare verwuschelt.

c) Er erzählt nie etwas Wahres und hält seine Zuhörer zum Narren.

| 5. Lernschritt | Suche aus dem Text alle Tunwörter (Verben) heraus und schreibe sie in der Grundform (im Infinitiv) in dein Heft. |

DER LESEPROFI – ARBEITSHEFT / Klasse 3
Fit durch Lesetraining! (überarbeitete Ausgabe 2023) – Bestell-Nr. 16 773
KOHL VERLAG

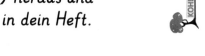

Die Stände, die jedes Jahr um die Kirchen der Stadt aufgebaut werden, liebt Tamara besonders. Mehrere Wochen sind sie dort und sie kann nicht oft genug auf den Weihnachtsmarkt gehen. Meistens geht am Wochenende die ganze Familie los. Und da fangen die Probleme schon an, wenn man zwei Brüder hat: Jeder will woanders hin. Florian will das Holzspielzeug aus dem Erzgebirge sehen und Yannik hat eine Vorliebe für Zuckerwatte und gebrannte Mandeln. Plötzlich steht Tamara allein vor einem Karussell. Wo sind denn auf einmal alle hin? Panik beschleicht sie, bei so vielen Menschen im Gedränge. Was soll sie tun? Ihr fällt die Verabredung der Familie wieder ein: Wer verloren geht, findet sich dort wieder ein, wo zuletzt alle zusammen waren. Sie läuft und ist ganz froh ihre Eltern wieder zu sehen, die jetzt Weihnachtsmannmützen mit Blinklichtern tragen.

*139 Wörter*

---

**1. Lernschritt**

*Im Buchstabengitter verstecken sich mehrere Wörter aus dem Text. Du darfst waagerecht (⇨ von links nach rechts) und senkrecht (⇩ von oben nach unten) suchen. Umkreise alle Wörter und schreibe sie unten auf die Linien.*

| D | A | S | E | X | C | Z | U | J | K | U | K | D | P | R | O | B | L | E | M | E | D | R | P | B | S |
|---|---|---|---|---|---|---|---|---|---|---|---|---|---|---|---|---|---|---|---|---|---|---|---|---|---|
| E | R | Z | G | E | B | I | R | G | E | X | A | H | F | J | F | N | A | F | H | F | L | A | A | A | S |
| A | S | E | R | J | K | I | O | P | O | E | R | A | D | K | L | B | F | E | A | E | Ö | S | N | S | T |
| S | B | D | M | A | N | D | E | L | N | M | U | S | S | O | Ö | C | S | A | E | R | P | W | I | E | Ä |
| A | R | E | S | A | W | E | R | T | U | P | S | E | A | L | P | R | L | S | M | T | O | Z | K | V | N |
| E | Ü | W | B | F | A | K | L | U | T | Ü | S | R | W | I | M | E | U | W | O | I | I | U | K | T | D |
| R | D | S | D | R | J | M | N | R | S | G | E | D | R | Ä | N | G | E | E | P | S | L | I | P | G | E |
| T | E | L | T | E | R | N | S | E | T | B | L | I | N | K | L | I | C | H | T | E | R | I | O | H | F |
| Z | R | B | E | F | G | U | I | O | P | B | L | S | Z | U | C | K | E | R | W | A | T | T | E | U | D |

🖉 _____

_____

---

**2. Lernschritt**

*Bist du mit deinen Eltern auch schon auf einem Weihnachtsmarkt gewesen? Was hat dir dort ganz besonders gefallen? Schreibe in dein Heft.*

**3. Lernschritt**

*Ersetze die unterstrichenen Wörter durch ein anderes Wort.*
*Achtung: Der Sinn des Satzes muss erhalten bleiben.*
*Schreibe in dein Heft.*

a) Mehrere Wochen sind sie dort, und sie kann nicht <u>oft</u> genug auf den Weihnachtsmarkt <u>gehen</u>.

b) Und da <u>fangen</u> die <u>Probleme</u> schon an, wenn man zwei Brüder hat.

c) Wo sind denn <u>auf einmal</u> alle <u>hin</u>?

**4. Lernschritt**

*Was bedeutet es, wenn man Panik bekommt? Beschreibe.*

✏ _____

_____

_____

**5. Lernschritt**

*Kannst du den Text trotz der Tintenkleckse trotzdem lesen? Bestimmt ... Setze die richtigen Buchstaben in die Kleckse ein.*

Die St___nde, die jedes Jahr um die Kirchen

der Sta___ aufgebaut werden, liebt Tamara be___ers.

Me___ere Wochen sind sie dort und sie kann nicht oft genu___

auf den Wei___achtsmarkt gehen. Meistens geht am Wochen-

ende die ganze Familie los. Und da fangen die Pro___eme

schon an, wenn ma___ zwei Brüder hat: Jeder wi___ woanders

hin. Florian will das Holzsp___zeug aus dem Erzgebirge

sehen und Yannik hat eine Vorl___be für Zuckerwa___e.

DER LESEPROFI – ARBEITSHEFT / Klasse 3
Fit durch Lesetraining! (überarbeitete Ausgabe 2023) – Bestell-Nr. 16 773
KOHL VERLAG
Lesen mit Erfolg

## 8 Die Neue

Nach den langen Sommerferien freut sich Corinna eigentlich wieder auf die Schule. Vor allem weiß sie schon, dass sie wieder neben Vanessa, ihrer Freundin, sitzen wird. Die Lehrerin bringt ein neues Mädchen mit in die Klasse, das etwas bedrückt drein sieht. „Das ist Inna. Sie kommt aus Russland", stellt die Lehrerin sie vor. Inna sitzt mit an Corinnas Gruppentisch und bald merken die Freundinnen, dass sie ganz toll zeichnen kann. Leider versteht sie nur wenig Deutsch. Aber da sind sich Vanessa und Corinna einig: „Wir wollen ihr helfen!" Sie nehmen sie mit in die große Pause und zeigen ihr das Schulgelände. Inna malt den beiden wunderschöne Anfangsbuchstaben ihrer Namen, die sie auf ihr Deutschheft kleben.

*117 Wörter*

---

| 1. Lernschritt | *Wenn du die Silben aus der Silbenwand richtig zusammensetzt, entdeckst du Wörter aus dem Text. Schreibe sie unten auf.* |

| fe | Som | mer | re | Grup | wun | ri | fen |
|----|-----|-----|-----|------|-----|-----|-----|
| pen | hel | ne | Schul | län | Leh | ken | en |
| de | rin | schö | tisch | der | mer | ge | |

---

| 2. Lernschritt | *Der Text ist leider falsch getippt worden. Alle Wörter sind direkt hintereinander aufgeschrieben worden. Trenne die Wörter mit einem Strich.* |

InnasitztmitanCorinnasGruppentischundbald

merkendieFreundinnen,dasssieganztollzeichnen

kannLeiderverstehtsienurwenigDeutsch.

**3. Lernschritt** *Fülle den Text mit den entsprechenden Wörtern, sodass der Sinn erhalten bleibt.*

Die ✎ _____ sind vor**bei** und Corinna freut sich schon

wie**der** auf _____ . Am meis**ten** freut sie sich über den

_____ ne**ben** Corinna, ihrer _____ . In die Klasse

kommt ein _____ , das nun auch am _____

der bei**den** sit**zen** wird.

**4. Lernschritt** a) *Was haben sich Vanessa und Corinna vorgenommen?*

✎ _____

b) *Inna kommt aus Russland. Welche Probleme hat sie noch?*

_____

**5. Lernschritt** *Im Text sind alle Satzzeichen, auch die zur wörtlichen Rede, verschwunden. Setze sie wieder richtig ein.*

Nach den langen Sommerferien freut sich Corinna eigentlich wieder
auf die Schule    Vor allem weiß sie schon    dass sie wieder neben
Vanessa    ihrer Freundin    sitzen wird    Die Lehrerin bringt ein neues
Mädchen mit in die Klasse    das etwas bedrückt drein sieht    Das ist
Inna    Sie kommt aus Russland    stellt die Lehrerin sie vor    Inna
sitzt mit an Corinnas Gruppentisch und bald merken die Freundinnen
dass sie ganz toll zeichnen kann    Leider versteht sie nur wenig
Deutsch    Aber da sind sich Vanessa und Corinna einig    Wir wollen
ihr helfen    Sie nehmen sie mit in die große Pause und zeigen ihr
das Schulgelände    Inna malt den beiden wunderschöne Anfangsbuchstaben ihrer Namen    die sie auf ihr Deutschheft kleben

DER LESEPROFI – ARBEITSHEFT / Klasse 3
Fit durch Lesetraining! (überarbeitete Ausgabe 2023)  –  Bestell-Nr. 16 773
KOHL VERLAG

Heute ist die erste Sportstunde für Inna. Wie sich Inna wohl anstellen wird? Es wird Brennball gespielt. Die Jungs gegen die Mädchen. Corinna und ihre Freundinnen wissen, dass Eugen immer sehr harte Bälle wirft. Aber sie sind auch recht gute Sportlerinnen. Es gelingt ihnen aber nicht, Eugen abzutreffen. Er ist einfach zu schnell. Das Spiel dauert schon zehn Minuten und es sieht nicht gut aus für die Mädchenmannschaft. Es sind nur noch Amelie, Corinna und Inna übrig. Die ist schnell und wendig. Eugen beginnt, sich zu ärgern, dass er sie nicht aus dem Spiel bekommt. Da bekommt Inna den Ball von Amelie zugespielt und holt kräftig aus. Sie trifft den überraschten Eugen am Bein und er ist raus aus dem Spiel. Die Mädchen jubeln und gewinnen diesmal knapp — mit Innas Hilfe.

*131 Wörter*

| 1. Lernschritt | *Suche aus der unten abgebildeten Buchstabenschlange alle Wörter aus dem Text heraus. Umkreise sie und schreibe sie anschließend unten auf.* |

AwSportstundeReranstellenerkärgernblwissenherBällewarabzutreffenübgewinnenjr

| 2. Lernschritt | *Überlege dir 3 Fragen zum Text. Beantworte deine Fragen selbst. Anschließend kannst du deine Fragen einem Mitschüler geben. Der soll sie beantworten.* |

- 
- 
-

3. Lernschritt

*Suche aus dem Text alle Wiewörter (Adjektive) heraus und schreibe sie auf die Linien. Finde Gegensätze zu ihnen.*

Beispiel: laut – leise

4. Lernschritt

*Beantworte die Fragen und trage die Lösungswörter in das Kreuzworträtsel ein. Die hervorgehobenen Kästchen ergeben ein Lösungswort.*

a) Was wird heute im Sport gespielt? _____

b) Wie sind Eugens geworfene Bälle? _____

c) Was ist Eugen? _____

d) Für wen sieht es direkt nicht gut aus? Für die _____

e) Was ist Inna? Schnell und _____ .

f) Wie gewinnen die Mädchen dieses Mal? Sie gewinnen _____ .

Lösungswort:

_ _ _ _ _ _ _ _

DER LESEPROFI – ARBEITSHEFT / Klasse 3
Fit durch Lesetraining! (überarbeitete Ausgabe 2023) – Bestell-Nr. 16 773
KOHL VERLAG

# 10 Sommerfest

Die Schule feiert und jede Klasse soll einen Stand anbieten. Corinnas Klasse will das Kuchenbüfett organisieren. Frau Hansen ist Elternvertreterin und plant, was benötigt wird. Es sollen viele selbstgebackene Kuchen und Torten verkauft werden. Dazu gibt es Kaffee und für die Kinder Kaltgetränke. Die Kinder der Klasse helfen, die Tische zu decken und zu dekorieren. Sie sollen auch die Gäste bewirten. Sie sind ganz aufgeregt. Nur Inna fehlt noch. "Wo bleibt sie nur?", denkt Corinna, „sie wird doch nicht so einen wichtigen Termin verpassen." Da schiebt eine freundliche Frau eine riesige Torte in den Festsaal. Es ist Innas Mutter, die in Russland eine Bäckerei hatte. Die Torte ist ein Prachtstück und bekommt den schönsten Platz auf dem Kuchenbüfett. Auf dem Fest spielen die Freundinnen vergnügt bis in den Abend.

*130 Wörter*

---

**1. Lernschritt** — *Setze unter die folgenden Wörter Silbenbögen und sprich dabei die Silbe deutlich aus. Schreibe jedes Wort Silbe für Silbe auf. Sprich dabei die Silbe halblaut.*

organisieren        selbstgebackene        Kaltgetränke

Prachtstück        verpassen        dekorieren

---

**2. Lernschritt** — *Verbinde die richtigen Aussagen.*

a) Frau Hansen ... ○

b) Die Kinder der Klasse ... ○

c) Inna ... ○

d) Innas Mutter ... ○

○ ... decken den Tisch und dekorieren.

○ ... hat eine riesige Torte gebacken.

○ ... plant, was benötigt wird.

○ ... fehlt noch.

**3. Lernschritt** *Beantworte die Fragen zum Text in vollständigen Sätzen.*

a) Was soll verkauft werden, wenn die Schule feiert?

✏ _____

_____

b) Was sollen die Kinder der Klasse während des Kuchenverkaufs machen?

_____

c) Wieso konnte Innas Mutter so eine tolle Torte backen?

_____

**4. Lernschritt** *Bei den folgenden Sätzen ist einiges schiefgelaufen. Verbessere sie so, dass sie wieder den gleichen Sinn wie im Text haben.*

a) Die Schule trauert und meine Klasse soll einen Stand anbieten.

✏ _____

b) Es sollen wenige gekaufte Kuchenstücke und Torten verkauft werden.

_____

c) Da schiebt eine unfreundliche Frau eine kleine Torte in den Festsaal.

_____

**5. Lernschritt** *Suche aus dem Text alle Namenwörter (Substantive, Nomen) heraus. Schreibe sie in dein Heft.*

DER LESEPROFI – ARBEITSHEFT / Klasse 3
Fit durch Lesetraining! *(überarbeitete Ausgabe 2023)* – Bestell-Nr. 16 773
KOHL VERLAG

## 11 Omas Besuch

Corinna freut sich schon so: Die Oma kommt zu Besuch aus dem Schwarzwald. Mit ihr kann sie so wunderbar malen und basteln. Oma hat immer eine gute Idee für Regentage. Und davon gibt es ja in Hamburg genug. Corinna hat schon das Gefühl, die Lieblingsenkelin zu sein, aber sie ist ja auch die einzige Enkelin, die die Oma hat. Familie Hansen fährt zum Altonaer Bahnhof, denn die Großmutter kommt mit dem Zug. Viele Menschen steigen aus, aber niemand sieht wie ihre Oma aus. Da bemerkt Corinna eine Frau, die ihr sehr ähnelt; aber sie sitzt im Rollstuhl. Mutter geht auf diese Frau zu und begrüßt sie herzlich. Sie ist es! Die Eltern haben gewusst, dass sie ihre Beine seit Wochen nicht mehr bewegen kann, aber wollten die Kinder nicht beunruhigen. Auch Oma hofft, bald wieder gehen zu können und ist guter Dinge.

**144 Wörter**

---

**1. Lernschritt**    *Zerlege die folgenden Wörter in einzelne Silben und setze die Silbenbögen an die richtigen Stellen. Lies laut Silbe für Silbe.*

**Beispiel:** El tern

Schwarzwald     Regentage     wunderbar     Beine

Lieblingsenkelin     bewegen     niemand     beunruhigen

---

**2. Lernschritt**    *In diesem Text ist eine Menge durcheinandergeraten. Lies ihn aufmerksam und unterstreiche alle falschen Aussagen. Wie muss es richtig heißen? Verbessere. Schreibe den Text berichtigt in dein Heft.*

Corinna freut sich schon so: Die Tante kommt zu Besuch aus dem Schwarzwald. Mit ihr kann sie so schlecht malen und basteln. Tante hat immer eine gute Idee für Sonntage. Und davon gibt es ja in Hamburg nur wenige. Corinna hat schon das Gefühl, das Aschenputtel zu sein, aber sie ist ja auch die einzige Enkelin, die die Oma hat. Familie Hansen läuft zum Altonaer Bahnhof, denn die Großmutter kommt mit dem Flugzeug. Viele Menschen steigen aus, aber jede sieht wie ihre Oma aus. Da bemerkt Corinna einen Mann, der ihr sehr ähnelt; aber er sitzt im Caddy.

# Omas Besuch

**3. Lernschritt**

*Überlege dir 3 Fragen zum Text. Beantworte deine Fragen selbst. Anschließend kannst du deine Fragen einem Mitschüler geben. Der soll sie beantworten.*

- 🖉 _____
- _____
- _____

**4. Lernschritt**

*Unterstreiche die passenden Antworten im Text zu den folgenden Fragen.*

**a)** Was ist mit der Frau, die Corinnas Oma sehr ähnelt?

**b)** Die Eltern wussten, dass die Oma ihre Beine nicht mehr bewegen kann. Warum sagten sie es ihren Kindern nicht?

**c)** Was hofft die Oma, weshalb sie guter Dinge ist?

**5. Lernschritt**

*Fülle die Lücken mit den richtigen Buchstaben. Schaue dabei nicht im Text oder bei anderen Aufgaben nach.*

Cori___a freut sich ___on so: Die Oma kommt zu ___esuch aus

dem Schwa___wald. Mit ihr kann sie so wu___erbar malen und

ba___eln. Oma hat immer eine gute Id___ für Regentage. Und

davon gibt es ja in Hamburg gen___. Corinna hat schon das

Gef___, die L___blingsen___elin zu sein, aber sie ist ja auch

die ei___ige En___elin, die die Oma hat. Familie Hansen fä___t

zum Altonaer B___nhof, die Großmu___er kommt mit dem Zug.

DER LESEPROFI – ARBEITSHEFT / Klasse 3
Fit durch Lesetraining! (überarbeitete Ausgabe 2023) – Bestell-Nr. 16 773
KOHL VERLAG

# Kamin im Haus

Andreas will immer alles am besten können. Auch das Kaminanzünden. Nur geht sein Feuer meistens schon nach kurzer Zeit aus. Es wurmt ihn, dass Vater es besser kann und weiß. Der muss aber für eine Woche auf Geschäftsreise. Das ist die Gelegenheit für Andi. Er überzeugt Mutter, dass er das Feuermachen übernehmen kann und probiert alle möglichen Kniffe aus. Er macht extra feste Papierbällchen, er zerreißt Pappe in kleine Fetzchen, an der Lüftung probiert er alle Einstellungen und verwendet nur vorgetrocknetes Holz. Es gelingt ihm ein loderndes Feuer zu entfachen und seine Eltern zu überraschen. Andreas ist sehr stolz auf sich.

*104 Wörter*

---

**1. Lernschritt**    *Setze die Silben aus der Silbenwand richtig zusammen.*
*Schreibe die Wörter unten auf.*

| Pa | meis | schäfts | bes | mög | chen |
|------|------|---------|------|------|------|
| Ge | se | li | gen | bäll | Ge | le |
| chen | ser | pier | rei | tens | heit |

---

**2. Lernschritt**    *Beantworte die folgenden Fragen in vollständigen Sätzen.*

a) Wieso verwendet Andreas nur vorgetrocknetes Holz?

a) Wieso probiert er verschiedene Einstellungen bei der Lüftung?

DER LESEPROFI – ARBEITSHEFT / Klasse 3

**3. Lernschritt**

*Unten siehst du „Schüttelwörter". Hier sind die Buchstaben durcheinandergeraten. In jedem „Schüttelwort" aus dem Text versteckt sich aber ein Buchstabe, der nicht dazugehört. Zusammen ergeben diese Buchstaben ein Lösungswort. Schreibe auch das Wort aus dem Text auf.*

|  | Wort aus dem Text | übriger Buchstabe |
|---|---|---|
| **a)** Wechot | _____ | _____ |
| **b)** Keffniz | _____ | _____ |
| **c)** Ziste | _____ | _____ |
| **d)** Peppal | _____ | _____ |
| **e)** Lofütung | _____ | _____ |

Lösungswort: _____

**4. Lernschritt**

*Kannst du den Text trotz der vielen Tintenkleckse lesen? Bestimmt! Setze die richtigen Buchstaben in die Kleckse ein.*

Andreas wi       immer a    es am besten können. Auch das Kamin-

anzünden. Nur geht sein F       er meistens schon nach kurzer Zeit

aus. Es wurmt i      , dass Vater es be       er ka        und wei     .

Der mu        aber für eine Woche auf Gesch       ftsreise. Das ist die

Gelegenheit für Andi. Er überzeugt Mutter, dass er das Feuer-

machen überne       en kann und prob       rt alle möglichen Kni        e

aus. Er macht e      tra feste Papierb        chen, er ze       ei      t Pappe

in kleine Fe        chen, an der Lüftung probiert er alle Einstellungen aus.

DER LESEPROFI – ARBEITSHEFT / Klasse 3
Fit durch Lesetraining! *(überarbeitete Ausgabe 2023)* – Bestell-Nr. 16 773
KOHL VERLAG

## 13 Holz hacken

Marek und Dominik wetteifern darum, wer am schnellsten das Kaminholz gespalten hat. Marek ist durch seine Größe eindeutig im Nachteil, denn er ist ja der Jüngere. Aber Dominik zeigt ihm noch mal den Kniff, ganz der „Große." Er sagt: "Es ist ganz einfach. Du setzt das Beil am Holzscheit an, schlägst beides auf den Hauklotz, dann ziehst du die linke Hand weg und haust mit der rechten kräftig zu." Bald liegt das gespaltene Holz in Haufen um den Hauklotz herum. „Lass' uns heute Abend ein großes Feuer im Garten machen!", jubelt Marek. Die Wiesen sind schon feucht, so erlaubt es Mutter, die immer Waldbrände fürchtet, wenn ihre Jungen Feuer machen. Einen Stockbrotteig rührt sie ihnen auch noch an. Abends tanzen dann die Glühwürmchen um das Feuer.

**128 Wörter**

---

**1. Lernschritt**

*Im Buchstabengitter verstecken sich mehrere Wörter aus dem Text. Du darfst waagerecht (⇨ von links nach rechts) und senkrecht (⇩ von oben nach unten) suchen. Umkreise alle Wörter und schreibe sie unten auf die Linien.*

| S | N | F | E | R | T | N | B | W | S | A | J | I | W | E | T | T | E | I | F | E | R | N | G | E | D |
|---|---|---|---|---|---|---|---|---|---|---|---|---|---|---|---|---|---|---|---|---|---|---|---|---|---|
| H | A | U | F | E | N | K | L | A | W | U | U | G | R | T | E | S | C | R | B | Z | M | I | K | J | F |
| A | C | S | K | G | A | E | T | Z | I | N | B | B | C | T | Z | H | O | L | Z | S | C | H | E | I | T |
| S | H | D | N | H | L | K | J | A | S | E | E | A | W | C | B | Z | U | Z | R | E | R | B | N | I | A |
| W | T | U | I | E | A | W | T | Z | F | U | L | H | W | A | L | D | B | R | Ä | N | D | E | S | E | N |
| N | E | B | F | D | D | E | B | N | S | S | T | O | C | K | B | R | O | T | T | E | I | G | Z | R | Z |
| B | I | C | F | S | J | K | O | L | P | Ü | Ö | H | G | R | G | S | E | V | X | B | T | H | A | S | E |
| G | L | Z | A | S | K | A | M | I | N | H | O | L | Z | S | V | T | U | H | E | G | O | L | K | D | N |

 ✎ _____

_____

---

**2. Lernschritt**

*Was bedeutet der Begriff „Kniff"? Versuche mit eigenen Worten zu erklären, was es bedeutet, wenn dir jemand einen „Kniff" zeigt.*

✎ _____

_____

**13** Holz hacken

---

**3. Lernschritt**  *Ersetze die unterstrichenen Wörter durch andere Begriffe.*
*Achtung: Der Sinn des Satzes muss erhalten bleiben.*

a) Dominik zeigt seinem Bruder noch einmal den <u>Kniff</u>.

✎ _____

b) Du setzt <u>das Beil</u> am Holzscheit an.

_____

c) Einen Stockbrotteig <u>rührt</u> sie ihnen auch noch <u>an</u>.

_____

_____

**4. Lernschritt**  *Die folgenden Sätze wurden*
*nicht richtig geschrieben.*
*Trenne die Wörter mit einem Strich.*

a) BaldliegtdasgespalteneHolzinHaufenumdenHauklotzherum.

b) EinenStockbrotteigrührtsieihnenauchnochan.

c) AbendstanzendanndieGlühwürmchenumdasFeuer.

**5. Lernschritt**  *Wieso überlegt sich die Mutter erst einmal gründlich,*
*ob ihre Jungen Feuer machen dürfen?*

✎ _____

_____

_____

_____

## 14 Der Biber

Am Abend erwachen am Ufer eines Teiches einige muntere Wesen. Es ist ein Biber mit seiner kleinen Familie. In diesem Jahr hat das Paar drei Junge. Im Frühjahr sind die Kleinen zur Welt gekommen. Die Mutter kümmert sich liebevoll um sie. Jetzt nach drei Wochen machen die Jungen die ersten Ausflüge. Sie werden von ihren Eltern begleitet. Die Biberfamilie lebt in einem Bau aus Ästen und Stöckchen. Der Eingang zur Wohnburg liegt immer unter der Wasseroberfläche. Im Inneren der Burg ist es trocken und gemütlich. Die Biber haben ihr Zuhause mit Stroh und Blättern ausgelegt. Sie verlassen den Bau immer zu mehreren. Wenn Gefahr droht, schlägt ein Biber mit dem breiten Schwanz auf das Wasser. Das heißt: „Alarm! Alle zurück in die Biberburg!"

**125 Wörter**

| 1. Lernschritt | *Suche aus der unten abgebildeten Buchstabenschlange alle Wörter aus dem Text heraus. Umkreise sie und schreibe sie anschließend unten auf.* |

_____

_____

| 2. Lernschritt | *Beantworte die Fragen zum Text in vollständigen Sätzen. Schreibe in dein Heft.* |

a) Wann kommen die kleinen Biber zur Welt?

b) Wo liegt der Eingang zur Biberburg?

c) Wie zeigen die Biber, dass Gefahr droht?

---

**3. Lernschritt**

*In diesem Text ist eine Menge durcheinandergeraten. Lies ihn aufmerksam und unterstreiche alle falschen Aussagen. Wie muss es richtig heißen? Verbessere. Schreibe den Text berichtigt in dein Heft.*

---

Am Morgen erwachen am Ufer eines Flusses einige muntere Wesen. Es ist ein Biber mit seiner großen Familie. In diesem Jahr hat das Paar drei Junge. Im Herbst sind die Kleinen zur Welt gekommen. Die Mutter kümmert sich kaum um sie. Jetzt nach drei Wochen machen die Jungen die ersten Ausflüge. Sie werden von ihren Eltern losgeschickt. Die Biberfamilie lebt in einem Bau aus Ästen und Stöckchen. Der Eingang zur Wohnburg liegt immer über der Wasseroberfläche. Im Inneren der Burg ist es nass und ungemütlich. Die Biber haben ihr Zuhause mit Nüssen und Käfern ausgelegt. Sie verlassen den Bau immer zu mehreren. Wenn Gefahr droht, schlägt ein Biber mit dem breiten Fuß auf das Wasser. Das heißt: „Alarm! Alle flüchten aus der Biberburg!"

---

**4. Lernschritt**

*Bei den folgenden Sätzen wurde einiges falsch gemacht. Schreibe die Wörter in der richtigen Groß- und Kleinschreibung. Schaue aber nicht mehr im Text nach.*

a) am abend erwachen am ufer eines teiches einige muntere wesen.

✏️

_____

_____

b) jetzt nach drei wochen machen die jungen ihre ersten ausflüge.

_____

_____

c) Die Biber Haben Ihr Zuhause Mit Stroh Und Blättern Ausgelegt.

_____

_____

DER LESEPROFI – ARBEITSHEFT / Klasse 3
Fit durch Lesetraining! *(überarbeitete Ausgabe 2023)* – Bestell-Nr. 16 773
KOHL VERLAG

# 15 Gebirge

Viele Berge bilden ein Gebirge. Manche Gipfel sind auch im Sommer mit Schnee bedeckt. Tiefe Täler liegen zwischen den Hängen. Je höher man in den Bergen hinaufwandert, desto kälter wird es. In großen Höhen enthält die Luft weniger Sauerstoff, dann ist es schwierig, zu atmen. Die Bergsteiger helfen sich dann mit Sauerstoffmasken. Eine Gebirgslandschaft im Sommer ist im Winter gar nicht wieder zu erkennen. Alles ist von Schnee bedeckt. Auch die Tiere haben ihr Winterkleid angezogen. Das Alpenschneehuhn ist im Sommer braun-grau. Es sieht aus, wie der Felsen auf dem es sitzt. Im Winter ist es schneeweiß. Nur so kann es sich vor den Feinden tarnen.

**108 Wörter**

---

| 1. Lernschritt | *Setze unter die Wörter Silbenbögen. Sprich dabei die Silbe. Schreibe jedes Wort Silbe für Silbe auf. Sprich dabei die Silbe halblaut.* |

**Beispiel:** El tern

Gebirge        hinaufwandert        Sauerstoffmasken

erkennen        Winterkleid        Alpenschneehuhn

---

| 2. Lernschritt | *Bilde aus den folgenden Wörtern Sätze. Überprüfe danach, ob du auch den Sinn im Text „Im Gebirge" behalten hast. Lies den Text später aufmerksam.* |

a) kälter — Luft — Sauerstoff

_____

b) Gebirgslandschaft — Sommer — Winter

_____

c) Winterkleid — Feinden — Sommer

_____

**3. Lernschritt**   *Unterstreiche die Antworten*
*im Text zu den folgenden Fragen.*

**a)** Wieso ist es schwierig, in der Höhe zu atmen?

**b)** Wie verändert sich das Alpenschneehuhn vom Sommer zum Winter?

**4. Lernschritt**   *Beantworte die Fragen und trage die Lösungswörter*
*in das Kreuzworträtsel ein. Die hervorgehobenen Kästchen*
*ergeben ein Lösungswort.*

**a)** Was bilden viele Berge?   Ein _____

**b)** Wenn man höher in die Berge
hinaufwandert, wie wird es dann?   Es wird _____

**c)** Mit was helfen sich die Bergsteiger,
wenn das Atmen schwierig wird?   Mit _____

**d)** Was tragen die Tiere im Winter?   Ein _____

**e)** Vor wem will sich das
Alpenschneehuhn tarnen?   Vor _____

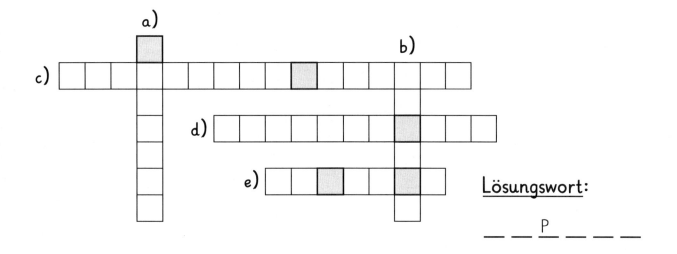

Lösungswort:

__ __ __ P __ __ __

**5. Lernschritt**   *Suche aus dem Text alle Namenwörter (Substantive,*
*Nomen) heraus und unterstreiche sie. Schreibe*
*sie in dein Heft.*

DER LESEPROFI – ARBEITSHEFT / Klasse 3
Fit durch Lesetraining! *(überarbeitete Ausgabe 2023)* – Bestell-Nr. 16 773
KOHL VERLAG

Mit ihren Freunden haben Jannis und Nico in der Straße eine Bande gegründet. Sie nennen sich selbst die „Schwarzkäppis". Sie tragen alle ein schwarzes Cap, das wie angewachsen scheint. Sie bekämpfen die Rotmützen schon, solange sie denken können. Der Kampfplatz der Banden ist der Stadtpark. Dort haben sie ihre Hauptquartiere. Die Schwarzkäppis haben eine Höhle unter einem großen Baum in die Wurzeln gegraben. Hier lagern auch ihre Pfeile, die sie zum Bogenschießen brauchen. Sie haben die Federn selbst gesammelt und die Pfeile mit Hilfe eines Vaters hergestellt. Doch heute Morgen sind sie verschwunden. Jannis ist entsetzt: „Das können nur die Rotmützen gewesen sein!" Die Bande beratschlagt, was zu tun ist. Sie wollen das Haus des Anführers der Pfeildiebe beobachten. Vielleicht lässt sich ja eine rote Mütze von der Wäscheleine mopsen.

**131 Wörter**

| **1. Lernschritt** | *Zerlege die Wörter in einzelne Silben. Setze die Silbenbögen an die richtigen Stellen. Lies dabei laut Silbe für Silbe.* | **Beispiel:** Vi ta mi ne |

angewachsenen      Hauptquartiere      Pfeildiebe

Bogenschießen      verschwunden      Wäscheleine

| **2. Lernschritt** | *Der Text ist falsch getippt worden. Alle Wörter wurden direkt hintereinander aufgeschrieben. Trenne die Wörter mit einem Strich.* |

**Beispiel:** Dörte|ist|das|Nesthäkchen|

MitihrenFreundenhabenJannisundNicoinderStraßeeineBande
gegründetSienennensichselbstdie„Schwarzkäppis"Sietragenalle
einschwarzesCap,daswieangewachsenscheintSiebekämpfen
dieRotmützenschon,solangesiedenkenkönnenDerKampfplatz
derBandenistderStadtparkDorthabensieihreHauptquartiere.

**3. Lernschritt**   *Im Text ist eine Menge durcheinandergeraten! Lies ihn aufmerksam und unterstreiche alle falschen Aussagen. Wie muss es richtig heißen? Verbessere den Text. Schreibe in dein Heft.*

> Doch gestern Morgen sind sie aufgetaucht. Jannis ist erfreut: „Das können nur die Rotmützen gewesen sein!" Die Bande beratschlagt, was zu tun ist. Sie wollen das Iglu des Anführeres der Pfeilhersteller beobachten. Vielleicht lässt sich ja eine grüne Mütze an die Wäscheleine hängen.

**4. Lernschritt**   *Beantworte die Fragen zum Text in vollständigen Sätzen.*

a) Wieso sind Jannis und die „Schwarzkäppis" entsetzt?

✎ _____

_____

b) Was wollen sie nun tun?

_____

_____

**5. Lernschritt**   *Fülle die Lücken mit den richtigen Buchstaben. Schaue dabei nicht im Text oder bei anderen Aufgaben nach.*

Doch h____te Morgen sind sie ver_____unden. Jannis

ist ents_____: „Das können nur die Rotmützen gewe____en

sein!" Die Bande ber_____schlagt, was zu tun ist. Sie wo____en

das Haus des Anf_____rers der Pfeild____be beobachten.

____ie____eicht lä____t sich ja eine rote Mü____e von der

Wäscheleine mo____en.

DER LESEPROFI – ARBEITSHEFT / Klasse 3
Fit durch Lesetraining! (überarbeitete Ausgabe 2023) – Bestell-Nr. 16 773
KOHL VERLAG

# 17  Tresore

Safeknacker-Janis und Sprengstoff-Juliane sind gelernte Tresorknacker. Diesmal haben sie sich eine große Sache vorgenommen. Mit diesem „Bruch" wollen sie soviel Geld klauen, dass sie sich auf den Bahamas niederlassen können. Lange haben sie auf diesen Einsatz hingearbeitet. In den letzten Tagen haben sie ihre Ausrüstung überprüft und die Schweißgeräte einsatzbereit gemacht. Es kann losgehen! „Hier stehen ja gleich mehrere Geldschränke", meint Safeknacker-Janis. „Dann machen wir eben alle leer", antwortet Sprengstoff-Juliane. Sie schweißen den ersten Tresor auf. Leer! Sie machen sich an den Zweiten. Auch der ist leer! „Verstehst du das?", raunt Juliane. Als sie auch den dritten und vierten Geldschrank leer vorfinden, da dämmert es Janis: „Meine Güte, sind wir doof! Wir sind in eine Tresorfabrik eingebrochen."

**118 Wörter**

---

| 1. Lernschritt | *Suche aus der unten abgebildeten Buchstabenschlange alle Wörter aus dem Text heraus. Umkreise sie und schreibe sie anschließend unten auf.* |

---

| 2. Lernschritt | *Verbinde die richtigen Aussagen.* |

a) Mit dem Schweißgerät ... ○

b) Auf den Bahamas ... ○

c) In die Tresorfabrik ... ○

○ ... sind die beiden eingebrochen.

○ ... werden die Tresore geöffnet.

○ ... wollen sich die beiden niederlassen.

**17** Tresore

**3. Lernschritt**

*Ersetze die unterstrichenen Wörter durch einen anderen Begriff. Achtung: Der Sinn des Satzes muss erhalten bleiben.*

a) Mit diesem „Bruch" wollen sie soviel Geld <u>klauen</u>, dass sie sich auf den Bahamas <u>niederlassen können</u>.

✎ _____

_____

b) In den letzten Tagen haben sie ihre Ausrüstung <u>überprüft</u> und die Schweißgeräte <u>einsatzbereit gemacht</u>.

_____

_____

**4. Lernschritt**

*Hier wurde einiges falsch gemacht. Schreibe die Wörter in der richtigen Groß- und Kleinschreibung. Schaue dabei aber nicht mehr im Text nach. Schreibe in dein Heft / in deinen Ordner.*

a) safeknacker-janis und sprengstoff-juliane sind gelernte tresorknacker.

b) Als Sie Auch Den Dritten Und Vierten Geldschrank Leer Vorfinden, Da Dämmert Es Janis.

**5. Lernschritt**

*Was bedeutet der Begriff „aufschweißen"? Was wird bei einem Tresor dann getan? Beschreibe in deinen Worten.*

✎ _____

_____

_____

**6. Lernschritt**

*Suche aus dem Text alle Wiewörter (Adjektive) heraus und schreibe sie in dein Heft.*

DER LESEPROFI – ARBEITSHEFT / Klasse 3
Fit durch Lesetraining! *(überarbeitete Ausgabe 2023)* – Bestell-Nr. 16 773
KOHL VERLAG

# Die Feuerwehr

Feuerwehrmänner tragen eine blaue Uniform. In großen Städten gibt es die Berufsfeuerwehr. Auf dem Land sind freiwillige Feuerwehrleute im Einsatz. Alle haben einen anderen Beruf und rücken aus, wenn die Sirene heult. Schnell machen sie sich für ihren Einsatz fertig: Sie ziehen die Sicherheitsstiefel an, schnallen den Gürtel mit dem Feuerwehrbeil um, setzen den Helm mit Gesichts- und Nackenschutz auf und stülpen sich die Sicherheitshandschuhe über. Auf dem Rücken tragen sie die Atemluftflasche und eine Atemmaske. So ausgerüstet kann die Feuerwehr ihren Aufgaben nachgehen: Retten, Löschen, Bergen und Schützen. Die Hauptaufgabe ist das Löschen von Bränden. Die Feuerwehr rettet auch Tiere, die in Not geraten sind. Fahrzeuge, die auf Autobahnen umkippen, werden mit Kranwagen geborgen. Bei einer Sturmflut rettet die Feuerwehr Menschen aus ihren Häusern.

*127 Wörter*

---

| 1. Lernschritt | *Wenn du die Silben aus der Silbenwand richtig zusammensetzt, entdeckst du Wörter aus dem Text. Schreibe sie unten richtig auf.* |
|---|---|

| gen | form | schen | Ret | zen | bah |
|---|---|---|---|---|---|
| ni | Men | Au | Lö | Rü | nen | U |
| Schüt | Ber | cken | to | schen | ten |

_____

_____

---

| 2. Lernschritt | *Die folgenden Sätze wurden nicht richtig geschrieben. Trenne die Wörter mit einem Strich.* |
|---|---|

Beispiel: Dörte|ist|das|Nesthäkchen|

DieFeuerwehrmännerziehendieSicherheitsstiefelan,schnallenden

GürtelmitdemFeuerwehrbeilum,setzendenHelmmitGesichts-und

NackenschutzaufundstülpensichdieSicherheitshandschuheüber.

DER LESEPROFI – ARBEITSHEFT / Klasse 3

**3. Lernschritt** — *Überlege dir 3 Fragen zum Text. Beantworte deine Fragen selbst. Anschließend kannst du deine Fragen einem Mitschüler geben. Der soll sie beantworten.*

- ✎ _____
- _____
- _____

**4. Lernschritt** — *Bei den folgenden Sätzen ist einiges schiefgelaufen. Verbessere sie so, dass sie wieder den gleichen Sinn wie im Text haben.*

a) Auf dem Land haben alle Feuerwehrleute den gleichen Beruf und rücken aus, wenn die Kirchturmglocke heult.

✎ _____

_____

b) Die Hauptaufgabe ist das Retten von Tieren in Not.

_____

c) Bei einer Sturmflut ist die Feuerwehr nicht zuständig.

_____

**5. Lernschritt** — *Unterstreiche die passenden Antworten im Text zu den folgenden Fragen.*

a) Welche Aufgaben hat die Feuerwehr?

b) Wann rettet die Feuerwehr Tiere?

c) Was macht die Feuerwehr bei einer Sturmflut?

DER LESEPROFI – ARBEITSHEFT / Klasse 3
Fit durch Lesetraining! *(überarbeitete Ausgabe 2023)* – Bestell-Nr. 16 773
KOHL VERLAG

## 19 Der Klempner

Hermann Rohr, der Klempnermeister, hatte auch heute wieder viel zu tun. Verstopfte Rohre reinigen, in einem Neubau die Toiletten und Waschbecken anschließen und leider hatte auch seine Sekretärin heute ihren freien Tag. Er hatte schon sein Werkzeug zusammengepackt, war auf dem Weg zur Tür, als das Telefon erneut klingelte. „Hier Weber, wir haben eine Überschwemmung. Bitte kommen Sie schnell!". „Drehen Sie den Haupthahn zu", antwortete Herr Rohr, „ich werde mich beeilen." ‚So schlimm kann das nicht sein', dachte er bei sich, als er die Kunden besuchte, die als erste auf seiner Liste standen. Am Nachmittag erreichte er die Surf- und Tauchschule Weber und sah entsetzt, dass ihm das Wasser bereits unter der Tür entgegenfloss. Als ihm Herr Weber im Taucheranzug entgegenschwamm, um die Haustür zu öffnen, meinte er verdattert. „Sie hätten mir sagen sollen, dass es so dringend ist!"

*139 Wörter*

---

| 1. Lernschritt | *Wenn du diese Silben richtig zusammensetzt, entdeckst du Wörter aus dem Text. Schreibe sie unten richtig auf.* |

> Klemp  tag  Tau  ner  ber  ent  schwem  Ü
> mit  ge  cken  cher  meis  an
> Wasch  mung  floss  zug  be  ter  gen  Nach

_____

_____

---

| 2. Lernschritt | *Bilde aus den Wörtern Sätze. Überprüfe danach, ob du auch den Sinn im Text „Der Klempner" behalten hast. Lies den Text später aufmerksam! Schreibe ins Heft.* |

a) Arbeit – Klempner – Sekretärin

b) Kundenliste – besuchen – Nachmittag

c) Taucheranzug – verdattert – dringend

DER LESEPROFI – ARBEITSHEFT / Klasse 3

# 19  Der Klempner

**3. Lernschritt** *Unterstreiche die passenden Antworten im Text zu den folgenden Fragen.*

a) Was war Herrn Rohrs Aufgabe in einem Neubau?

b) Wieso sollte Herr Rohr zu Webers kommen?

c) Was dachte sich Herr Rohr, als er zuerst die anderen Kunden auf seiner Liste besuchte?

d) Wie erschien Herr Weber zur Tür, als Herr Rohr dort ankam?

e) Was hatte Herr Weber dem verdatterten Herrn Rohr sagen sollen?

**4. Lernschritt** *Fülle den Text mit den entsprechenden Wörtern, sodass der Sinn erhalten bleibt.*

Gerade an dem Tag, an dem Herrn Rohrs

Sekretärin ✏ _____ ,

war beim Klempnermeister wirklich _____ .

Er wollte gerade _____ hinaus, als er einen

_____ wegen einer Überschwemmung erhielt.

Zuerst kümmerte sich Herr Rohr, der Klempnermeister, um

_____ . Später am Nachmittag war er

sehr _____ , als der Kunde mit der Überschwemmung

ihm _____ die Türe öffnete.

**5. Lernschritt** *Suche aus dem Text alle Tunwörter (Verben) heraus und schreibe sie in dein Heft.*

DER LESEPROFI – ARBEITSHEFT / Klasse 3
Fit durch Lesetraining! (überarbeitete Ausgabe 2023) – Bestell-Nr. 16 773
KOHL VERLAG

# Parkplatz

Anja ist ein niedliches, kleines Mädel. Immer hält sie ihre Eltern auf Trapp. Besonders in den Abendstunden fallen ihr immer wieder Spiele ein, mit denen sie das Zubettgehen herauszögern kann. Ihr Vater fällt aber auf ihre Tricks herein. Sie hat ihm schon eine Schachpartie angeboten, auf die er Revanche* fordern „musste". An dem Abend ist sie erst um 22.00 Uhr im Bett gewesen. Mit der Taschenlampe liest sie unter der Bettdecke oft bis spät in die Nacht hinein. „Es gibt ja so tolle Kinderbücher", findet sie. Heute soll sie aber mal früher ins Bett gehen. Das hat sich ihr Papa vorgenommen. Sie kurvt schon eine ganze Weile mit ihrem Roller durch die Wohnung. „Jetzt ist aber Schluss, du solltest doch längst im Bett liegen!", schimpft ihr Vater. „Ja, Papi", kommt die freche Antwort, „ich finde aber keinen Parkplatz!"

*ein neues Spiel um den Sieg

**139 Wörter**

---

**1. Lernschritt**

*Im Buchstabengitter verstecken sich mehrere Wörter aus dem Text. Du darfst waagerecht (⇨ von links nach rechts) und senkrecht (⇩ von oben nach unten) suchen.*
*Umkreise alle Wörter und schreibe sie unten auf die Linien.*

| A | S | G | R | M | A | D | S | W | B | U | M | O | L | D | F | K | S | E | A | B | E | R | V | E | G |
|---|---|---|---|---|---|---|---|---|---|---|---|---|---|---|---|---|---|---|---|---|---|---|---|---|---|
| F | E | I | P | Ä | S | E | S | A | K | L | E | R | S | P | I | E | L | E | S | W | N | M | Ö | J | K |
| S | D | O | P | D | W | N | K | U | R | V | T | A | M | D | F | L | S | M | O | T | R | I | C | K | S |
| W | C | U | L | E | V | O | M | S | E | G | R | Z | F | R | I | T | S | L | Ä | D | E | R | T | I | K |
| S | B | S | G | L | U | L | H | E | R | A | U | S | Z | Ö | G | E | R | N | B | L | W | P | R | E | D |
| W | E | L | N | D | N | M | A | B | C | K | L | Ö | I | P | E | R | S | E | T | Z | B | M | S | E | W |
| V | T | Ö | I | S | O | G | T | R | A | P | P | A | V | I | E | N | S | S | C | H | I | M | P | F | T |
| M | T | Ü | P | A | A | N | T | W | O | R | T | C | N | K | L | I | R | F | G | U | I | P | E | W | X |

 _____

_____

---

**2. Lernschritt**  *Verbinde die richtigen Aussagen.*

a) Anja ... ○          ○ ... fällt auf die Tricks herein.

b) Der Vater ... ○          ○ ... hat noch keinen Parkplatz.

c) Der Roller ... ○          ○ ... will nicht ins Bett gehen.

DER LESEPROFI – ARBEITSHEFT / Klasse 3

**3. Lernschritt** | *Ersetze die unterstrichenen Wörter durch einen anderen Begriff. Achtung: Der Sinn des Satzes muss erhalten bleiben.*

a) <u>Am Abend</u> fallen Anja viele <u>Spiele</u> ein, weswegen sie nicht <u>ins Bett gehen</u> kann.

✏ _____

_____

b) Mit ihrem Roller <u>kurvt</u> sie <u>schon eine Zeit lang</u> durch die Wohnung.

_____

c) Sie finde keinen Parkplatz, ist Anjas <u>freche</u> Antwort.

_____

**4. Lernschritt** | *Beantworte die Fragen zum Text in vollständigen Sätzen.*

a) Was macht Anja oft bis spät in die Nacht hinein?

✏ _____

b) Wieso schimpft Anjas Vater?

_____

_____

c) Wieso kann Anja noch nicht ins Bett gehen?

_____

**5. Lernschritt** | *Suche aus dem Text alle Namenwörter (Substantive, Nomen) heraus und schreibe sie mit bestimmtem Artikel (der, die, das) in dein Heft.*

DER LESEPROFI – ARBEITSHEFT / Klasse 3
Fit durch Lesetraining! *(überarbeitete Ausgabe 2023)* – Bestell-Nr. 16 773
KOHL VERLAG

## 21 Eisberge

Gewaltige Eismassen und Gletscher bedecken die Polargebiete. Eisberge entstehen, wenn der Gletscher „kalbt", das heißt an den Rändern der Gletscher Eismassen abbrechen. Die „Kälber" treiben davon und können weit nach Süden gelangen, bevor sie geschmolzen sind. Sie treffen dabei auch auf die Routen der Seeschiffe. Die Titanic ist gesunken, weil sie einen Eisberg rammte. Gefährlich sind die Eisberge, weil nur die Spitze aus dem Wasser ragt. Neun Zehntel des Eisbergs sind unter Wasser. Er schwimmt, weil Eis leichter als Wasser ist. Er hat aber auch eine viel größere Ausdehnung als Wasser. Um die Schifffahrt zu schützen, gibt es auf den Weltmeeren einen Eisberg-Warndienst.

*103 Wörter*

---

**1. Lernschritt**  *Wenn du die Silben aus der Silbenwand richtig zusammensetzt, entdeckst du Wörter aus dem Text. Schreibe sie unten richtig auf.*

| Rän | ramm | schmol | Aus | ge | ken |
|------|------|--------|------|-----|-----|
| mas | Welt | sun | nung | Eis | ge | te |
| mee | deh | dern | sen | re | zen |

_____

_____

**2. Lernschritt**  *Erkläre mit deinen eigenen Worten, was diese Wörter bedeuten. Du darfst in deiner Erklärung dieses Wort aber nicht benutzen.*

Eismassen: _____

Kälber: _____

Routen: _____

Ausdehnung: _____

DER LESEPROFI – ARBEITSHEFT / Klasse 3

**3. Lernschritt**

*Bei den folgenden Wörtern wurde einiges falsch gemacht. Schreibe sie in der richtigen Groß- und Kleinschreibung. Schaue dabei aber nicht mehr im Text nach. Schreibe in dein Heft.*

a) eisberge entstehen, wenn der gletscher „kalbt", das heißt an den rändern der gletscher eismassen abbrechen.

b) gefährlich sind die eisberge, weil nur die spitze aus dem wasser ragt.

c) Um Die Schifffahrt Zu Schützen, Gibt Es Auf Den Weltmeeren Einen Eisberg-Warndienst.

**4. Lernschritt**

*Beantworte die Fragen und trage die Lösungswörter in das Kreuzworträtsel ein. Die grauen Kästchen ergeben ein Lösungswort.*

a) Wenn ein Gletscher „kalbt", wo brechen dann die Eismassen ab?     An den _____

b) Wohin können diese „Kälber" gelangen, bevor sie geschmolzen sind?     Weit nach _____

c) Welches Schiff sank, weil es einen Eisberg rammte?     Die _____

d) Was ist leichter? Eis oder Wasser?     _____

e) Wieso gibt es einen Eisberg-Warndienst? Was wird geschützt?     Die _____

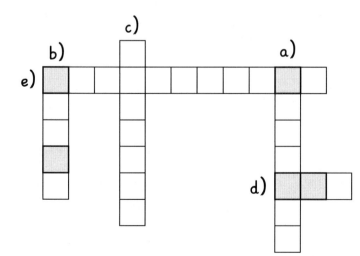

Lösungswort: __ __ __ B __ __ G

DER LESEPROFI – ARBEITSHEFT / Klasse 3
Fit durch Lesetraining! *(überarbeitete Ausgabe 2023)* – Bestell-Nr. 16 773
KOHL VERLAG

Sie bestehen aus Abermilliarden zusammengewehter Sandkörner. In Wüsten können sie mehrere hundert Meter hoch werden. Sie können wandern und werden geboren. Klingt fast wie ein Lebewesen. Daran ist der Wind beteiligt: Zuerst weht der Wind Sand gegen eine Pflanze, Strandgras zum Beispiel. Dort bleiben die Sandkörnchen hängen. Es kommen immer mehr hinzu, denn der Wind weht ständig. So entsteht langsam eine Baby-Düne. Es kann Jahre dauern, bis daraus eine mehrere Meter hohe Düne wird, je nachdem wie stark und lange der Wind weht. Gibt es einen schweren Sturm kann es auch nur wenige Stunden dauern. Aber woher kommt der ganze Sand? Aus dem Meer! Die Wellen wühlen den Meeresboden auf und spülen den Sand ans Ufer. Bei Ebbe liegt er frei und der Wind kann ihn mit auf seine Reise nehmen.

*132 Wörter*

---

**1. Lernschritt** *Wenn du die Silben aus der Silbenwand richtig zusammensetzt, entdeckst du Wörter aus dem Text. Schreibe sie unten richtig auf.*

ArAbermilliardenResSandkörnerkreDüneargSturmärwehtvceWellenureMeeresbodenur

_____

_____

**2. Lernschritt** *Bilde aus den Wörtern Sätze. Überprüfe anschließend, ob du auch den Sinn im Text „Dünen" behalten hast. Lies den Text später aufmerksam.*

a) Sandkörner — geboren — Wind

b) Jahre — Meter — Pflanze

c) Sturm — Stunden

d) Ebbe — Meer — Wellen

DER LESEPROFI – ARBEITSHEFT / Klasse 3

**3. Lernschritt**

*Lies den Text nochmals aufmerksam durch. Wie entsteht eine Düne? Bringe die Aussagen in die richtige Reihenfolge. Setze hierzu Nummern von 1 bis 5 in die Kästchen.*

☐ Er weht den Sand z. B. gegen eine Pflanze.

☐ Bei Ebbe liegt der Sand des Meeres frei.

☐ Im Laufe der Zeit bleibt immer mehr Sand an der Pflanze hängen und es entsteht eine Baby-Düne.

☐ Der Wind kann nun den Meeressand mit auf die Reise nehmen.

☐ Bei einem Sturm kann in kurzer Zeit aus einer Baby-Düne eine meterhohe Düne werden.

**4. Lernschritt**

*Erkläre mit deinen eigenen Worten, was diese Wörter bedeuten. Du darfst in deiner Erklärung aber dieses Wort nicht wieder benutzen.*

Düne: _____

Meeresboden: _____

Ebbe: _____

**5. Lernschritt**

*Unterstreiche die passenden Antworten im Text zu den folgenden Fragen.*

a) Aus was bestehen Dünen?

b) Wieso meint man, es könnte sich um ein Lebewesen handeln, wenn von der Düne gesprochen wird?

c) Wieso ist eine Pflanze z. B. beim Entstehen einer Düne so wichtig?

d) Woher kommt der ganze Sand?

e) Wieso kann der Wind den Sand aus dem Meer mit auf die Reise nehmen?

DER LESEPROFI – ARBEITSHEFT / Klasse 3
Fit durch Lesetraining! *(überarbeitete Ausgabe 2023)* – Bestell-Nr. 16 773
KOHL VERLAG

Der Däumling hatte gerade das Pferd zu seinem Vater nach Haus gelenkt. Er hatte ihm die Befehle ins Ohr geflüstert. Der Vater nahm seinen kleinen Sohn, den er auch sein Herzblatt nannte, in die Hand. Zwei Fremde hatten die Szene beobachtet und sagten sich: „Den kleinen Mann könnten wir auf Jahrmärkten ausstellen, so könnten wir unser Glück machen". Sie baten den Vater, seinen Sohn zu verkaufen. Der lehnte zunächst ab. Aber Däumling riet ihm zu: „Verkaufe mich ruhig. Wenn die Zeit gekommen ist, werde ich weglaufen und zu dir zurück kommen. Das Geld können wir gut gebrauchen." Gesagt — getan. Die beiden Fremden grinsten sich zu, denn sie dachten, sie hätten ein gutes Geschäft gemacht. Der Däumling winkte seinem Vater von der Hutkrempe des einen Wanderers aus zu.

Als es dämmerte, wurde der Däumling auf der Hutkrempe unruhig. „Nehmt mich herunter, ich muss mal." Der Mann antwortete: „Bleib nur oben, es stört mich nicht. Die Vögel lassen mir auch mal etwas auf den Hut fallen." Der Däumling aber blieb stur: „Ich weiß doch, was sich gehört. Hebt mich bitte schnell herunter." Der Hut wurde abgenommen und vorsichtig ins Gras gesetzt. Däumling hüpfte zwischen den Erdbrocken hin und her und tat so, als suche er die beste Stelle für sein kleines Geschäft. Da verschwand er auch schon in einem Mauseloch, das er sich für seine Flucht ausgewählt hatte. „Gute Nacht! Geht nur ohne mich weiter. Aus eurem Geschäft wird wohl nichts", rief der Däumling schadenfroh. Die beiden Männer stocherten wütend in dem Mauseloch herum, aber der Däumling verkroch sich immer weiter in dem Mauseloch. Da es dunkelte, mussten die beiden wütend abziehen.

*270 Wörter*

---

**1. Lernschritt**    *Verbinde die Silben zu vollständigen Wörtern. Schreibe sie unten auf und lies dabei Silbe für Silbe laut.*

| Däum | Erd | Mau | | dun | krem | loch | Va |
|------|-----|-----|----|-----|------|------|-----|
| | Wan | ter | Ge | rers | kel | | cken |
| schäft | te | ling | de | Hut | bro | pe | se |

---

**2. Lernschritt**    *Diese Sätze wurden nicht richtig geschrieben. Trenne die Wörter mit einem Strich.*

> Beispiel: Dörte|ist|das|Nesthäkchen|

DerDäumlinghattegeradedasPferdzuseinemVaternachHausgelenkt

ErhatteihmdieBefehleinsOhrgeflüstertDerVaternahmseinenkleinen

Sohn,denerauchseinHerzblattnannte,indieHand.

| 3. Lernschritt |
|---|

Unten siehst du „Schüttelwörter". Hier sind die Buchstaben durcheinandergeraten. In jedem „Schüttelwort" aus dem Text versteckt sich aber ein Buchstabe, der nicht dazugehört. Zusammen ergeben diese Buchstaben ein Lösungswort. Schreibe auch das Wort aus dem Text auf.

|  | | Wort aus dem Text | übriger Buchstabe |
|---|---|---|---|
| a) | Veltar | _____ | _____ |
| b) | Guftäsche | _____ | _____ |
| c) | Diuglmänc | _____ | _____ |
| d) | Mochelauhs | _____ | _____ |

Lösungswort:   F __ __ __ __ __ t

| 4. Lernschritt |
|---|

Beantworte die Fragen zum Text in vollständigen Sätzen. Schreibe in dein Heft.

a) Wieso verkauft der Vater den Däumling doch?

b) Weshalb wurde Däumling auf der Hutkrempe unruhig?

c) Was hatte Däumling sich für seine Flucht ausgewählt?

d) Warum verkroch sich Däumling immer weiter ins Mauseloch?

e) Wieso mussten die beiden Wanderer wütend ohne Däumling abziehen?

| 5. Lernschritt |
|---|

Was werden sich die beiden Wanderer wohl gedacht haben, nachdem der Däumling sie so hereingelegt hatte? Schreibe in dein Heft.

DER LESEPROFI – ARBEITSHEFT / Klasse 3
Fit durch Lesetraining! *(überarbeitete Ausgabe 2023)* – Bestell-Nr. 16 773
KOHL VERLAG

Nachdem Däumling den beiden Fremden, die ihn von seinem Vater gekauft hatten, entwischt war, erlebte er etliche Abenteuer. Däumling wurde von Pastors Kuh und danach von dem Wolf gefressen. Nun war es an der Zeit, nach Hause zurückzukehren. Aus dem Magen des Wolfes hatte Däumling dem zugerufen, wo er noch mehr Futter finden könnte. Das gewitzte Kerlchen hatte ihm die Vorratskammer seiner Eltern beschrieben. Mit der Gier des Wolfes hatte er gerechnet. Er fraß soviel, dass er sich mit Mühe auf den Beinen halten konnte. So passte er nicht mehr durch die Luke, durch die er herein gekommen war. Jetzt fing der Däumling an, im Bauch des Wolfes Krach zu schlagen: „Hierher, hier bin ich! Kommt und rettet mich!". Der Wolf befahl: „Ruhe, du weckst ja alle Leute im Haus." Aber das hatte er ja bezweckt. Seine Eltern rückten bewaffnet mit Axt und Sense an. Als sie die Stimme ihres Kindes hörten, erschlugen sie den Wolf, schnitten seinen Leib auf und befreiten Däumling. Den wollten sie nie wieder verkaufen.

*171 Wörter*

**1. Lernschritt**

*Im Buchstabengitter verstecken sich mehrere Wörter aus dem Text. Du darfst waagerecht (⇨ von links nach rechts) und senkrecht (⇩ von oben nach unten) suchen. Umkreise alle Wörter und schreibe sie unten auf die Linien.*

| A | D | E | K | W | S | V | U | R | I | W | M | A | S | B | A | U | C | H | V | B | O | P | A | S | W |
|---|---|---|---|---|---|---|---|---|---|---|---|---|---|---|---|---|---|---|---|---|---|---|---|---|---|
| S | D | Ä | U | M | L | I | N | G | A | A | A | E | M | O | P | Ü | V | E | S | M | S | E | N | S | E |
| E | A | J | H | A | J | E | A | W | X | S | G | D | E | M | Ö | U | T | W | E | R | Z | S | A | R | T |
| D | S | L | S | M | K | A | X | T | M | L | E | I | B | Ö | R | A | W | T | O | P | K | G | S | E | W |
| W | O | L | F | I | B | W | B | R | U | R | N | F | D | F | K | A | R | E | D | R | R | S | M | Ö | P |
| F | K | O | L | P | E | A | I | P | P | F | C | E | V | O | R | R | A | T | S | K | A | M | M | E | R |
| G | H | A | B | E | N | T | E | U | E | R | K | T | F | R | A | S | E | R | T | C | C | B | E | R | T |
| T | P | T | E | T | I | P | O | H | E | G | Z | N | R | W | A | R | U | I | W | A | H | W | S | C | V |

_____

_____

**2. Lernschritt**

*Suche aus dem Text alle Namenwörter (Substantive, Nomen) heraus und schreibe sie unten auf.*

_____

_____

_____

DER LESEPROFI – ARBEITSHEFT / Klasse 3

3. Lernschritt

*Die folgenden Sätze wurden nicht richtig geschrieben. Irgendwie hat die Leerstellentaste des Computers nicht funktioniert. Trenne die Wörter mit einem Strich.*

<u>Beispiel</u>: Dörte|ist|das|Nesthäkchen|

NunwaresanderZeit,nachHausezurückzukehrenAusdemMagendes WolfeshatteDäumlingdemzugerufen,woernochmehrfutterfinden könnteDasgewitzteKerlchenhatteihmdieVorratskammerseinerEltern beschriebenMitderGierdesWolfeshatteergerechnetErfraßsoviel,dass ersichmitMüheaufdenBeinenhaltenkonnteSopassteernichtmehr durchdieLuke,durchdieerhereingekommenwar.

4. Lernschritt

*Beantworte die Fragen und trage die Lösungswörter in das Kreuzworträtsel ein. Die hervorgehobenen Kästchen ergeben ein Lösungswort.*

a) Von wem wurde der Däumling gefressen?    Vom _____

b) Was erzählt der Däumling dem Wolf?    Wo es noch _____ gäbe.

c) Womit hatte Däumling beim Wolf gerechnet?    Mit dessen _____

d) Wer erschlug den Wolf?    Däumlings _____

e) Was wollten die Eltern nie wieder tun?    Ihren Däumling _____

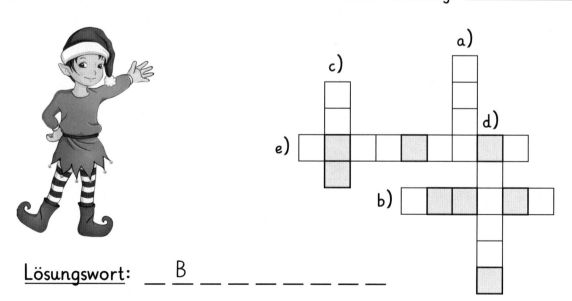

Lösungswort: __ B __ __ __ __ __ __ __

DER LESEPROFI – ARBEITSHEFT / Klasse 3
Fit durch Lesetraining! (überarbeitete Ausgabe 2023) – Bestell-Nr. 16 773
KOHL VERLAG

## 25 Die Honigbiene

Wir alle kennen die fleißige Honigbiene, die von Blüte zu Blüte fliegt. Im Sommer sammeln die Bienen unermüdlich Nektar in der Blütenschicht. Da sie keine Taschen haben, müssen sie ihn in der Honigblase transportieren. Zurück im Bienenstock speien sie ihn aus. Die Bienen setzen dem Nektar in ihrer Honigblase einen körpereigenen Saft zu. Außerdem muss der am Anfang sehr wasserreiche Saft eingedickt werden. Dafür muss der Nektar einige Bienenmägen durchwandern. Zwischendurch wird er in Zellen gelagert und wenn er fertig ist, verschließen die Bienen die Honigzellen mit einem dünnen Wachsdeckel. Dann kommt der Imker und holt die Bienenwaben heraus. Für ein Glas Honig von 500 Gramm muss eine Biene mehr als 120.000 Kilometer fliegen, um den Nektar dafür einzusammeln!

**119 Wörter**

---

| 1. Lernschritt | *Wenn du die Silben aus der Silbenwand richtig zusammensetzt, entdeckst du Wörter aus dem Text. Schreibe sie unten richtig auf.* |

| ren | len | trans | wan | tie | nen |
|-----|-----|-------|-----|-----|-----|
| ne | durch | Bie | zel | Ho | wa | Ho |
| nig | bie | ben | por | dern | nig |

---

| 2. Lernschritt | *Erkläre mit deinen eigenen Worten, was diese Wörter bedeuten. Du darfst in deiner Erklärung dieses Wort aber nicht benutzen.* |

speien: _____

eindicken: _____

Imker: _____

DER LESEPROFI – ARBEITSHEFT / Klasse 3

| 3. Lernschritt | *Lies den Text nochmals aufmerksam durch. Wie entsteht Honig? Bringe die Aussagen in die richtige Reihenfolge. Setze hierzu Nummern von 1 bis 7 in die Kästchen.* |

☐ Die Bienen setzen dem Nektar in ihrer Honigblase körpereigenen Saft zu.

☐ Der entstandene Honig wird in Honigzellen gelagert.

☐ Der Nektar wird in den Bienenstock transportiert und dort ausgespieen.

☐ Honigbienen fliegen von Blüte zu Blüte und sammeln dort den Blütennektar ein.

☐ Ist der Honig fertig, verschließen die Bienen ihn mit einem dünnen Wachsdeckel.

☐ Damit der Nektarsaft eingedickt wird, muss er einige Bienenmägen durchwandern.

☐ Jetzt kommt der Imker und holt die Bienenwaben heraus.

| 4. Lernschritt | *Bei den folgenden Sätzen ist einiges schiefgelaufen. Verbessere sie so, dass sie wieder den gleichen Sinn wie im Text haben.* |

a) Im Winter sammeln die fleißigen Honigbienen im Bienenstock den Honig, den sie dann von Blüte zu Blüte bringen.

🖉 _____

_____

b) Der Imker verschließt den Bienenmagen mit einem dicken Wachsdeckel.

_____

c) Eine Biene muss für die Entstehung von 120.000 Gramm Honig mehr als 500 Kilometer fliegen.

_____

_____

DER LESEPROFI – ARBEITSHEFT / Klasse 3
Fit durch Lesetraining! (überarbeitete Ausgabe 2023) – Bestell-Nr. 16 773
KOHL VERLAG

# 26 Feuer

Feuer ist für uns etwas Selbstverständliches. Aber es gab auch mal Zeiten, da wussten die Menschen nicht, wie Feuer entsteht und wie man damit umgeht. Erst vor etwa 800.000 Jahren begann der erste sinnvolle Umgang mit dem Feuer. Die Menschen entdeckten die Hilfe des Feuers in kleinen Schritten. Bald erkannten sie, dass das Fleisch der erlegten Tiere weicher und schmackhafter war, wenn man es an einem Stock über eine Feuerstelle hielt. Die Feuerstellen mussten bewacht werden, denn das Feuer durfte nicht ausgehen. Wie man Feuer selbst machte, kannten die Menschen noch nicht. Vor ungefähr 8000 Jahren gelang es den Menschen dann endlich, selbst Feuer herzustellen. Sie steckten einen harten Holzstab in die Mulde eines weichen Holzstückes. Durch die quirlende Bewegung entstand Reibung und damit Hitze. Das Holz begann zu glimmen. Sie gaben etwas trockenes Gras in die glimmende Mulde, das zu brennen begann.

*143 Wörter*

| 1. Lernschritt | *Wenn du die Silben aus der Silbenwand richtig zusammensetzt, entdeckst du Wörter aus dem Text. Schreibe sie unten richtig auf.* |
| --- | --- |

dTdfrFeuerejgztdMenschenbnzdUmgangeuhnFleischbvzFeuerstelletgbHolzstabbüzaeglimmen

_____

_____

| 2. Lernschritt | *Bilde aus den Wörtern Sätze. Überprüfe anschließend, ob du auch den Sinn im Text „Feuer" behalten hast. Lies den Text später aufmerksam.* |
| --- | --- |

a) 800.000 Jahre – kleine Schritte – Feuer

b) Feuerstelle – Fleisch – weich – schmackhaft

c) Feuer – 8000 Jahre – herstellen

d) hart – weich – Reibung – glimmen – Gras

DER LESEPROFI – ARBEITSHEFT / Klasse 3

KOHL VERLAG

**3. Lernschritt**

*Unten siehst du „Schüttelwörter".*
*Die Buchstaben sind durcheinander-*
*geraten. In jedem „Schüttelwort"*
*aus dem Text versteckt sich ein Buchstabe, der nicht dazugehört.*
*Zusammen ergeben diese Buchstaben ein Lösungswort.*
*Schreibe auch das Wort aus dem Text auf.*

|  | Wort aus dem Text | übriger Buchstabe |
|---|---|---|
| a) ereFeu | _____ | _____ |
| b) aeJrhnh | _____ | _____ |
| c) ichFehls | _____ | _____ |
| d) aMlztoHsb | _____ | _____ |
| e) eselrFtelune | _____ | _____ |
| f) lmngimce | _____ | _____ |

Lösungswort: ___ ___ ___ ___ ___ ___

**4. Lernschritt**

*Fülle die Lücken mit den richtigen Buchstaben.*
*Schaue dabei nicht im Text oder bei anderen Aufgaben nach.*

Vor ungef        8000 J        ren gelang es den Men        en dann

endlich, selb        Feuer herzust        en. Sie ste        ten einen harten

Hol        ab in die Mulde eines wei        Holzstü        es. Durch die

        irlende Bewegung en        and Reibung und damit Hi        e.

Das Holz begann zu gli        en. Sie gaben etwas tr        enes Gras

in die glimmende M        de, das zu bre        en beg        .

DER LESEPROFI – ARBEITSHEFT / Klasse 3
Fit durch Lesetraining! *(überarbeitete Ausgabe 2023)*  –  Bestell-Nr. 16 773
KOHL VERLAG

# 27 Das Häuschen aus Marzipan

An einem sonnigen Tag mitten im August ging eine ältere Frau in die Konditorei und bestellte etwas Besonderes, das es in dieser Konditorei gar nicht gab: ein Häuschen aus Marzipan. Sie beschrieb es sehr genau: „Ich möchte ein Dach mit Schornstein, und ich möchte die Türen des Häuschens auch öffnen können!" „Das lässt sich einrichten. Kommen Sie morgen wieder", antwortete der verdutzte, aber tatkräftige Konditor. Am nächsten Tag kam die Kundin wieder zur Konditorei. Sie hatte weitere Wünsche: „Ich träumte, das Häuschen sollte auch Fenster zum Öffnen haben." „Wird gemacht", antwortete der Konditor, „es dauert aber zwei Tage." Die ältere Frau richtete die Sträußchen an ihrem bunten Hut und ging. Der Konditor und seine Frau schauten sich an: Was sollte das werden? Es dauerte zwei Tage, dann kam die Kundin ins Geschäft gelaufen und rief ganz aufgeregt: „Es muss aber echter Rauch aus dem Schornstein kommen!" „Dafür bräuchte ich ein paar Tage", war die Antwort des tatkräftigen Konditors, den jetzt sein Ehrgeiz gepackt hatte. Am nächsten Tag war der Konditor mächtig stolz auf die Umsetzung aller sehr speziellen Wünsche der Kundin und fragte sie, als sie erneut im Laden stand: „Soll ich es denn ganz schick als Geschenk einpacken?" „Ach nein", erwiderte die Frau mit dem bunten Hut. „Das lohnt sich nicht. Ich habe das Häuschen in zehn Minuten ohnehin aufgegessen." Der Bäcker war nach fast einer Woche angestrengter Arbeit sprachlos, er schäumte regelrecht vor Wut!

**236 Wörter**

---

| **1. Lernschritt** | *Zerlege die Wörter in einzelne Silben. Setze die Silbenbögen an die richtigen Stellen. Lies dabei laut Silbe für Silbe.* | **Beispiel:** Vi ta mi ne |

Konditorei          tatkräftige          aufgegessen

angestrengter          regelrecht          ältere

---

| **2. Lernschritt** | *Der Text ist falsch getippt worden. Alle Wörter wurden direkt hintereinander aufgeschrieben. Trenne die Wörter mit einem Strich.* |

**Beispiel:** Dörte|ist|das|Nesthäkchen|

AneinemsonnigenTagmittenimAugustgingeineältereFrauindieKonditoreiund

bestellteetwasBesonderes.DasgabesindieserKonditoreigarnicht:einHäuschenaus

Marzipan.Siebeschriebessehrgenau.„IchmöchteeinDachmitSchornstein,und

ichmöchtedieTürendesHäuschensauchöffnenkönnen.„Daslässtsicheinrichten.

KommenSiemorgenwieder",antwortetederverdutzte,abertatkräftigeKonditor.

DER LESEPROFI – ARBEITSHEFT / Klasse 3

**3. Lernschritt** *Fülle den Text mit den entsprechenden Wörtern, sodass der Sinn erhalten bleibt.*

Der ✏ _____ war schließlich mächtig stolz auf die Umsetzung

aller sehr speziellen _____ der Kundin und _____

sie, als sie erneut im Laden stand: „Soll ich es denn ganz schick als

_____ einpacken?" „Ach nein", erwiderte die Frau mit dem

_____ Hut. „Das _____ sich nicht. Ich habe das Häuschen

in _____ Minuten ohnehin _____." Der Bäcker

war nach fast einer Woche angestrengter Arbeit _____ ,

er schäumte regelrecht vor _____!

**4. Lernschritt** *Bei den folgenden Sätzen wurde einiges falsch gemacht.
Schreibe die Wörter in der richtigen Groß- und Kleinschreibung.
Schaue hierzu aber nicht mehr im Text nach!*

a) „ich Möchte Ein dach Mit schornstein, Und Ich Möchte Die türen
Des häuschens Auch Öffnen Können!"

✏ _____

_____

b) am nächsten tag war der konditor mächtig stolz auf die umsetzung
aller sehr speziellen wünsche.

_____

_____

c) „Ich Habe Das Häuschen In Zehn Minuten Ohnehin Aufgegessen."

_____

_____

DER LESEPROFI – ARBEITSHEFT / Klasse 3
Fit durch Lesetraining! *(überarbeitete Ausgabe 2023)* – Bestell-Nr. 16 773
KOHL VERLAG

**1**

1.) a) Walfische; b) Delfine; c) Aussterben

2.) a) Pla ne ten     b) Wal ar ten     c) Blau wa le     d) in tel li gen tes ten

3.) lebende, gehören, schwer, langen, jagen

4.) a) Menschen, i    b) Delfine, T    c) Sprache, e    d) Fischer, r    Lösungswort: Tier

**2**

1.) Morgen, Fische, Plastiktüte, Wasser, Reusen, Netz, Abend, Einbäume

4.) a) Die Fische schwimmen in die Reusen aus Weidengeflecht.    b) Weil es hier sehr heiß ist, müssen die Fische bald gegessen werden.    c) Eine Plastiktüte aus dem Supermarkt gibt es hier nicht.

**3**

1.) a) Sie sollte die Chinesen vor Feinden schützen.    b) Von hier aus kann man weit sehen. c) Jetzt ist sie eine Attraktion für Touristen.

2.) Reitervölker, gefährlich, Berge, Ebenen, Wachtürme, Bauwerk

3.) a) Eine Attraktion ist etwas besonders Sehenswertes, das viele Menschen anzieht, weil sie es bestaunen möchten. b) Touristen sind Besucher / Urlauber in einem fremden Land. Sie sind daran interessiert, die Attraktion zu sehen.

4.) In folgender Reihenfolge: Kaiser, ließen, Jahre, Mauer, sollte, Feinden, schützen, Norden, waren, gefährlich, lang, genauso, die, Strecke, Afrika, Südamerika, manchen, Stellen, zwei, Berge, Ebenen, regelmäßigen, Abständen, Wachtürme, sehen, massiv, Jahrhunderte, Attraktion, Touristen, chinesische, Bauwerk, bloßem

**4**

1.) a) Mit ihren 8 Jahren ist Dörte das Nesthäkchen.   b) Im Schwimmbad soll sie ihre Brüder treffen, denn allein schwimmen ist ja langweilig.    c) Mutter ist echt sauer und die beiden haben für einen Tag Stubenarrest.

2.) a) Dass Dörte das Nesthäkchen ist.    b) Weil alleine schwimmen langweilig ist.

3.) Stubenarrest ist ähnlich wie Hausarrest. Weil man sich „etwas zu Schulden" hat kommen lassen, muss man eine bestimmte Zeit im Zimmer (Haus) bleiben und darf nicht hinaus. Meistens geben die Eltern Stubenarrest.

4.) Den Weg ins Schwimmbad geht Dörte heute das erste Mal allein. Es ist nicht weit von ihrer Ferienwohnung entfernt und sie hat nur eine Straße zu überqueren. Dort soll sie ihre Brüder treffen, denn allein schwimmen ist ja langweilig. Ihre Augen suchen das Nichtschwimmerbecken ab. Niemand ist da! Wo können sie nur sein? Enttäuscht geht sie zurück.

**5**

1.) Mil lio nen stadt     Würst chen bu den     Ge drän ge     An bau ge bie ten

Klein tie re     Si re nen     ziem lich

4.) a) Malin macht mit ihrer Familie am liebsten Urlaub in den Bergen.    b) Am Sonntagmorgen gibt es in Hamburg den Fischmarkt.    c) Das Obst und Gemüse kommt aus den Anbaugebieten vor der Stadt. d) Für diesen Markt muss man früh aufstehen.

5.) a) Auf dem Fischmarkt kann man nicht nur Fische kaufen.    b) Die vielen Buden bieten Obst und Gemüse aus den Anbaugebieten vor der Stadt.    d) Es geht schon frühmorgens um sechs Uhr los.

**6**

1.) besonderen, Hafenbecken, Motorschiff, Containerschiff, verwuschelt, Lautsprecherstimme, Bananenschuppen

2.) a) Elena und ihre Familie.    b) Das Hafenbecken von Hamburg.    c) Man nennt ihn „He lücht".

3.) a) Narren, f    b) Barkasse, a    c) Rundfahrt, H    d) Haare, e    e) Zuhörer, n
Lösungswort: Hafen

4.) a) Eine Barkasse ist ein flaches Motorschiff, mit dem man ganz nah an die großen „Pötte" heranfahren kann. b) Elena liebt es, an Deck zu stehen und den Wind zu spüren, der ihre Haare verwuschelt. c) Er erzählt zwar viel Wahres, hält seine Zuhörer aber auch gern zum Narren.

5.) heißen, machen, sein, sein, heranfahren können, nennen, lieben, stehen, spüren, verwuscheln, geben, berichten, liegen, nennen, heißen, erzählen, halten, haben, behaupten, gebogen werden

**7**

1.) Erzgebirge, Stände, Brüder, Mandeln, Probleme, Familie, Zuckerwatte, Karussell, Panik, Gedränge, Eltern, Blinklichter

3.) a) häufig, laufen    b) beginnen, Schwierigkeiten    c) plötzlich, geblieben

4.) Man fühlt sich aus einem bestimmten Grund plötzlich beklemmt, gehetzt, bedroht und denkt oder handelt in diesem Moment oft nicht mehr normal.

5.) In folgender Reihenfolge: Stände, Stadt, besonders, Mehrere, genug, Weihnachtsmarkt, Probleme, man, will, Holzspielzeug, Vorliebe, Zuckerwatte

**8**

1.) Sommerferien, Gruppentisch, Lehrerin, helfen, Schulgelände, merken, wunderschöne

2.) Inna sitzt mit an Corinnas Gruppentisch und bald merken die Freundinnen, dass sie ganz toll zeichnen kann. Leider versteht sie nur wenig Deutsch.

4.) a) Sie wollen dem neuen Mädchen helfen.    b) Sie kann nur wenig Deutsch.

5.) Lösung siehe Lesetext auf Seite 20!

DER LESEPROFI – ARBEITSHEFT / Klasse 3 · KOHL VERLAG

**9** 1.) Sportstunde, anstellen, ärgern, wissen, Bälle, abzutreffen, gewinnen

3.) harte – weiche; gute – schlechte; schnelle – langsame; gut – schlecht; schnell – langsam; wendig – ungelenk; kräftig – schwach; überrascht – gefasst

4.) **a)** Brennball; **b)** hart; **c)** schnell; **d)** Mädchenmannschaft; **e)** wendig; **f)** knapp      Lösungswort: Mädchen

**10** 1.) or ga ni sie ren      selbst ge ba cke ne      Kalt ge trän ke      Pracht stück

ver pas sen      de ko rie ren

2.) **a)** Frau Hansen plant, was benötigt wird.      **b)** Die Kinder der Klasse decken die Tische und dekorieren. **c)** Inna fehlt noch.      **d)** Innas Mutter hat eine riesige Torte gebacken.

3.) **a)** Es sollen Kuchenstücke, Torten, Kaffee und Kaltgetränke verkauft werden.      **b)** Sie sollen die Gäste bewirten.      **c)** Weil sie in Russland eine Bäckerei hatte.

4.) **a)** Die Schule feiert und jede Klasse soll einen Stand anbieten.      **b)** Es sollen viele selbstgebackene Kuchenstücke und Torten verkauft werden.      **c)** Da schiebt eine freundliche Frau eine große Torte in den Festsaal.

5.) Schule, Klasse, Stand, Corinna, Klasse, Kuchenbüfett, Frau, Elternvertreterin, Kuchen, Torten, Kaffee, Kinder, Kaltgetränke, Kinder, Klasse, Tische, Gäste, Inna, Corinna, Termin, Frau, Torte, Festsaal, Mutter, Russland, Bäckerei, Torte, Prachtstück, Platz, Kuchenbüfett, Fest, Freundinnen, Abend

**11** 1.) Schwarz wald      Re gen ta ge      wun der bar      Lieb lings en ke lin      nie mand

Bei ne      be we gen      be un ru hi gen

2.) Lösung siehe Lesetext auf Seite 26!

4.) **a)** Sie sitzt im Rollstuhl.      **b)** Sie wollten die Kinder nicht beunruhigen.      **c)** Sie hofft, bald wieder gehen zu können.

5.) **In folgender Reihenfolge:** Corinna, schon, Besuch, Schwarzwald, wunderbar, basteln, Idee, genug, Gefühl, Lieblingsenkelin, einzige, Enkelin, fährt, Bahnhof, Großmutter

**12** 1.) Papierbällchen, meistens, Gelegenheit, besser, Geschäftsreise, möglichen

2.) **a)** Vorgetrocknetes Holz brennt schneller und besser.      **b)** Er möchte herausfinden, welche Einstellung zum entfachen des Feuers am günstigsten ist.

3.) **a)** Woche, t      **b)** Kniffe, z      **c)** Zeit, s      **d)** Pappe, l      **e)** Lüftung, o      Lösungswort: stolz

4.) **In folgender Reihenfolge:** will, alles, Feuer, ihn, besser, kann, weiß, muss, Geschäftsreise, übernehmen, probiert, Kniffe, extra, Papierbällchen, zerreißt, Pappe, Fetzchen, probiert

**13** 1.) wetteifern, Kaminholz, Nachteil, Kniff, Holzscheit, Haufen, jubelt, Waldbrände, Stockbrotteig, tanzen

3.) **a)** Trick      **b)** die Axt      **c)** bereitet zu

4.) **a)** Bald liegt das gespaltene Holz in Haufen um den Hauklotz herum.      **b)** Einen Stockbrotteig rührt sie ihnen auch noch an.      **c)** Abends tanzen dann die Glühwürmchen um das Feuer.

5.) Weil sie Waldbrände fürchtet, wenn es zu trocken ist. Nun sind aber die Wiesen feucht und so besteht kaum Brandgefahr.

**14** 1.) erwachen, liebevoll, begleitet, lebt, trocken, gemütlich, ausgelegt

2.) **a)** Im Frühjahr kamen die kleinen Biber zur Welt.      **b)** Der Eingang liegt unter der Wasseroberfläche. **c)** Sie schlagen mit dem breiten Schwanz auf das Wasser.

3.) Lösung siehe Lesetext auf Seite 32!

4.) **a)** Am Abend erwachen am Ufer eines Teiches einige muntere Wesen.      **b)** Jetzt nach drei Wochen machen die Jungen die ersten Ausflüge.      **c)** Die Biber haben ihr Zuhause mit Stroh und Blättern ausgelegt.

**15** 1.) Ge bir ge      hi nauf wan dert      Sau er stoff mas ken      er ken nen

Win ter kleid      Al pen schnee huhn

3.) **a)** In großen Höhen enthält die Luft weniger Sauerstoff.      **b)** Das Alpenschneehuhn ist im Sommer braun-grau. Im Winter ist es schneeweiß.

4.) **a)** Gebirge      **b)** kälter      **c)** Sauerstoffmasken      **d)** Winterkleid      **e)** Feinden Lösungswort: Gipfel

5.) Berge, Gebirge, Gipfel, Sommer, Schnee, Täler, Hängen, Bergen, Höhen, Luft, Sauerstoff, Bergsteiger, Sauerstoffmasken, Gebirgslandschaft, Sommer, Winter, Schnee, Tiere, Alpenschneehuhn, Sommer, Felsen, Winter, Feinden

DER LESEPROFI – ARBEITSHEFT / Klasse 3 Fit durch Lesetraining! *(überarbeitete Ausgabe 2023)* – Bestell-Nr. 16 773
KOHL VERLAG

**16**
1.) an ge wach sen     Haupt quar tie re     Pfeil die be     ver schwun den     Bo gen schie ßen     Wä sche lei ne

2.) Lösung siehe Lesetext auf Seite 36!

3.) Doch heute Morgen sind sie verschwunden. Jannis ist entsetzt: „Das können nur die Rotmützen gewesen sein!" Die Bande beratschlagt, was zu tun ist. Sie wollen das Haus des Anführers der Pfeildiebe beobachten. Vielleicht lässt sich ja eine rote Mütze von der Wäscheleine mopsen.

4.) a) Weil alle ihre Pfeile verschwunden sind.     b) Sie wollen das Haus des Anführers der Pfeildiebe beobachten und dort eventuell eine rote Mütze mopsen.

5.) heute, verschwunden, entsetzt, gewesen, beratschlagt, wollen, Anführers, Pfeildiebe, Vielleicht, lässt, Mütze, mopsen

**17**
1.) große, Sache, Ausrüstung, einsatzbereit, dämmert, doof, Geldschränke

2.) a) Mit dem Schweißgerät werden die Tresore geöffnet.     b) Auf den Bahamas wollen sich die beiden niederlassen.     c) In die Tresorfabrik sind die beiden eingebrochen.

3.) a) Diebstahl, stehlen / rauben, zur Ruhe setzen können     b) getestet, richtig hergerichtet / funktionsfähig gemacht

4.) a) Safeknacker- Janis und Sprengstoff- Juliane sind gelernte Tresorknacker.
b) Als sie auch den dritten und vierten Geldschrank leer vorfinden, da dämmert es Janis.

6.) gelernte, große, letzten, einsatzbereit, leer, doof

**18**
1.) Uniform, Rücken, Retten, Löschen, Bergen, Schützen, Menschen, Autobahnen

2.) Sie ziehen die Sicherheitsstiefel an, schnallen den Gürtel mit dem Feuerwehrbeil um, setzen den Helm mit Gesichts- und Nackenschutz auf und stülpen sich die Sicherheitshandschuhe über.

4.) a) einen anderen, Sirene     b) Löschen von Bränden     c) für die Rettung der Menschen aus ihren Häusern verantwortlich

4.) a) Retten, Löschen, Bergen und Schützen     b) Tiere, die in Not geraten sind     c) Menschen aus ihren Häusern

**19**
1.) Klempnermeister, Waschbecken, Nachmittag, entgegenfloss, Überschwemmung, Taucheranzug

3.) a) Er sollte in einem Neubau die Toiletten und Waschbecken anschließen.     b) Wegen einer Überschwemmung.     c) „So schlimm kann das nicht sein."     d) Er schwamm ihm im Taucheranzug entgegen.     e) Dass es so dringend ist.

4.) **In folgender Reihenfolge:** ihren freien Tag hatte, die Hölle los, zur Türe, Anruf, seine anderen Kunden, verdattert, im Taucheranzug

**20**
1.) Mädel, Eltern, Trapp, Spiele, herauszögern, Tricks, Bett, kurvt, schimpft, Antwort

2.) a) Anja will nicht ins Bett gehen.     b) Der Vater fällt auf die Tricks herein.     c) Der Roller hat noch keinen Parkplatz.

3.) a) Spätabends, Ausreden, schlafen gehen kann     b) saust, unermüdlich     c) dreiste

4.) a) Sie liest unter der Bettdecke mit der Taschenlampe.     b) Weil sie noch nicht im Bett ist und er sich vorgenommen hat, dass sie heute mal früher ins Bett soll.     c) Weil sie keinen Parkplatz für ihren Roller findet.

5.) Anja, Mädel, Eltern, Trapp, Abendstunden, Spiele, Zubettgehen, Vater, Tricks, Schachpartie, Revanche, Abend, Bett, Taschenlampe, Bettdecke, Nacht, Kinderbücher, Bett, Papa, Weile, Roller, Wohnung, Schluss, Bett, Vater, Papi, Antwort, Parkplatz

**21**
1.) Eismassen, Rändern, Ausdehnung, geschmolzen, rammte, gesunken, Weltmeere

3.) a) Eisberge entstehen, wenn der Gletscher „kalbt", das heißt an den Rändern der Gletscher abbrechen.
b) Gefährlich sind die Eisberge, weil nur die Spitze aus dem Wasser ragt.
c) Um die Schifffahrt zu schützen, gibt es auf den Weltmeeren einen Eisberg-Warndienst.

4.) a) Rändern     b) Süden     c) Titanik     d) Eis     e) Schifffahrt     <u>Lösungswort:</u> Eisberg

**22**
1.) Abermilliarden, Sandkörner, Düne, Sturm, weht, Wellen, Meeresboden

3.) **Von oben nach unten:** 3, 1, 4, 2, 5

5.) a) Sie bestehen aus Abermilliarden zusammengewehter Sandkörner.     b) Sie können wandern und werden geboren.     c) Zuerst weht der Wind Sand gegen eine Pflanze, Strandgras zum Beispiel.     d) Aus dem Meer.     e) Bei Ebbe liegt er frei und der Wind kann ihn mit auf seine Reise nehmen.

**23**
1.) Vater, Geschäft, Erdbrocken, Hutkrempe, Däumling, Wanderers, Mauseloch, dunkelte

2.) Der Däumling hatte gerade das Pferd zu seinem Vater nach Haus gelenkt. Er hatte ihm die Befehle ins Ohr geflüstert. Der Vater nahm seinen kleinen Sohn, den er auch sein Herzblatt nannte, in die Hand.

3.) a) Vater, l     b) Geschäft, u     c) Däumling, c     d) Mauseloch, h     <u>Lösungswort:</u> Flucht

**24**
1.) Däumling, Abenteuer, Kuh, Wolf, Magen, Vorratskammer, Bauch, Krach, Leib, Axt, Sense

2.) Däumling, Fremden, Vater, Abenteuer, Pastors, Kuh, Wolf, Zeit, Magen, Wolfes, Däumling, Futter, Kerlchen, Vorrats ammer, Eltern, Gier, Wolfes, Mühe, Beinen, Luke, Däumling, Bauch, Wolfes, Krach, Wolf, Ruhe, Leute, Haus, Eltern, Axt, Sense, Stimme, Kindes, Wolf, Leib, Däumling

4.) a) Wolf     b) Futter     c) Gier     d) Eltern     e) verkaufen     <u>Lösungswort:</u> Abenteuer

DER LESEPROFI – ARBEITSHEFT / Klasse 3<br>© KOHL VERLAG<br>Bestell-Nr. 16 772

**25** **1.)** Honigbiene, transportieren, durchwandern, Honigzellen, Bienenwaben

**2.)** Lösungsvorschläge:
- speien: etwas ausspucken oder herauswürgen
- eindicken: einer Flüssigkeit Stoffe zusetzen, die sie zähflüssiger machen
- Imker: Honigbauer, der sich um sein Bienenvolk kümmert und Honig produziert

**3.)** Richtige Reihenfolge: (von oben nach unten) 3, 5, 2, 1, 6, 4, 7

**4.)** **a)** Im Sommer sammeln die fleißigen Honigbienen in der Blütenschicht den Nektar, den sie dann in den Bienenstock bringen. **b)** Die Bienen verschließen die Honigzelle mit einem dünnen Wachsdeckel. **c)** Eine Biene muss für die Entstehung von 500 Gramm Honig mehr als 120.000 Kilometer fliegen.

**26** **1.)** Feuer, Menschen, Umgang, Fleisch, Feuerstelle, Holzstab, glimmen

**2.)** Lösungsvorschläge:
**a)** Vor etwa 800.000 Jahren lernten die Menschen in kleinen Schritten den Umgang mit dem Feuer.
**b)** Sie erkannten, dass Fleisch der erlegten Tiere weicher und schmackhafter wurde, wenn man es über die Feuerstelle hielt.
**c)** Vor ungefähr 8000 Jahren gelang es den Menschen, selbst Feuer herzustellen.
**d)** Wenn man mit einem harten Holzstab in der Mulde eines weichen Holzstückes quirlende Bewegungen machte, entstand Reibung und Hitze. Lege man trockenes Gras auf das Glimmen, begann es zu brennen.

**3.)** **a)** Feuer, e; **b)** Jahren, s; **c)** Fleisch, h; **d)** Holzstab, M; **e)** Feuerstelle, n; **f)** glimmen, c
Lösungswort: Mensch

**4.)** Vor ungefähr 8000 Jahren gelang es den Menschen dann endlich, selbst Feuer herzustellen. Sie steckten einen harten Holzstab in die Mulde eines weichen Holzstückes. Durch die quirlende Bewegung entstand Reibung und damit Hitze. Das Holz begann zu glimmen. Sie gaben etwas trockenes Gras in die glimmende Mulde, das zu brennen begann.

**27** **1.)** Kon di to rei     tat kräf ti ge     auf ge ges sen     an ge streng ter

re gel recht     äl te re

**2.)** An | einem | sonnigen | Tag | mitten | im | August | ging | eine | ältere | Frau | in | die | Konditorei | und | bestellte | etwas | Besonderes. | Das | gab | es | in | dieser | Konditorei | gar | nicht: | ein | Häuschen | aus | Marzipan. | Sie | beschrieb | es | sehr | genau. | „Ich | möchte | ein | Dach | mit | Schornstein, | und | ich | möchte | die | Türen | des | Häuschens | auch | öffnen | können. | „Das | lässt | sich | einrichten. | Kommen | Sie | morgen | wieder", | antwortete | der | verdutzte, | aber | tatkräftige | Konditor.

**3.)** Fehlende Begriffe: Konditor, Wünsche, fragte, Geschenk, bunten, lohnt, zehn, aufgegessen, sprachlos, Wut

**4.)** **a)** „Ich möchte ein Dach mit Schornstein, und ich möchte die Türen des Häuschens auch öffnen können!"
**b)** Am nächsten Tag war der Konditor mächtig stolz auf die Umsetzung aller sehr speziellen Wünsche.
**c)** „Ich habe das Häuschen in zehn Minuten ohnehin aufgegessen."

DER LESEPROFI – ARBEITSHEFT / Klasse 3
Fit durch Lesetraining! *(überarbeitete Ausgabe 2023)* – Bestell-Nr. 16 773
Lernen mit Erfolg KOHL VERLAG

**1.-4. Schuljahr** Tobias & Nik Vonderlehr

**Leseförderung**

# Ganz einfache LESETEXTE für Erstleser & DaZ-Kinder

Kleine gut bewältigbare Portionen mit Mal- und Verständnisaufgaben

*Tobias & Nik Vonderlehr*

## Ganz einfache Lesetexte

### für Erstleser & DaZ-Kinder

*Diese motivierenden und leicht verständlichen Lesetexte sind aus der Lebenswelt der Kinder. Das Textverständnis wird duch verschiedene Aufgabenstellungen überprüft. Einfache Malaufgaben, die sich aus dem Text erschließen oder schriftliche Aufgaben, die auch von Anfängern gut bewältigt werden können, sichern den Leseerfolg. Kleine gut bewältigbare Portionen motivieren zum Weiterüben!*

FÖ INK

| | | | 1 2 3 4 |
|---|---|---|---|
| 48 Seiten | 12 140 | ab 13,49 € | |

---

**Grundschule** Roswitha Wurm

# Individuelles LESETRAINING

Freude wecken am Leselernprozess

*Roswitha Wurm*

## Individuelles Lesetraining

### Freude wecken am Leselernprozess

*Dieses individuelle Lesetraining holt d Leseanfänger*innen und Schüler*innen mit Les schwierigkeiten genau dort ab, wo sie gerade Leselernprozess stehen. Buchstaben trainiere Zusammenlauten üben sowie komplexere Aufg ben ermöglichen gezieltes und individuelles Les training. Anwendbar im schulischen Kontext, ab auch Zuhause als Ferienheft oder zusätzlich Übungsmaterial. Einsetzbar im außerschulisch Lesetraining, im Legasthenietraining sowie in d Förderpädagogik.*

*Die Übungen sind vielfach praxiserprobt.*

FÖ

| | | | |
|---|---|---|---|
| 64 S. | 12 640 | ab 14,99 € | |

---

**1./2. Schuljahr** Autorenteam Kohl-Verlag

# Kurze Lesetexte für Erstleser

Einfache Texte in drei Niveaustufen

*Autorenteam Kohl-Verlag*

## Kurze Lesetexte für Erstleser

### Einfache Texte in drei Niveaustufen

*Texte mit je gleichem Inhalt und in drei Niveaustufen differenziert. So können Ihre Schüler je nach Leistungsstand individuell arbeiten und erleben trotzdem die gleiche Story. Aufgaben in Dreifachdifferenzierung zur Lesekompetenz runden jede Einheit ab.*

FÖ

| | | | 1 2 |
|---|---|---|---|
| 56 Seiten | 11 875 | ab 14,49 € | |

---

**Alle Klassenstufen** Peter Botschen

# Die 5-Schritt-Lesemethode

DIE effektivste Methode, nachhaltig Lesen zu lernen

Ab 8 Jahren einsetzbar

*Peter Botschen*

## 5-Schritt-Lesemethode

### DIE effektivste Methode, nachhaltig Lesen zu lernen

*Viele haben Probleme, Texte inhaltlich zu erfassen. Dem wollen entgegen wirken mit DER Lesemethode schlechthin: der „5-Schr Lese-Methode". Für leistungsschwächere Schüler haben wir die um die „6-Schritt-Lese-Methode" ergänzt. Dieser Band umfasst k piervorlagen zur Anfertigung eines Lesefächers für die Klassen in der bekannten Fibelschrift, und für die Klassen 5-7 dementsp chend altersgerecht. Für die Klasse 8-10 ist die Lesemethode einem Anleitungsblatt verfasst, ebenfalls für die Oberstufe. Mit farbigem Poster fürs Klassenzimmer!*

FÖ INK

| | | | |
|---|---|---|---|
| 60 Seiten | 12 570 | ab 19,99 € | |

---

**1.-2. Schuljahr** R. Kohl & M. Quast

# Lesetraining für Anfänger

Mit Silbenbögen für Erstleser

Gezielte Förderung für Kinder, die sich schwer tun

*Rüdiger Kohl & Moritz Quast*

## Lesetraining für Anfänger ... mit Silbenbögen

*Intensives Lesetraining für Leseanfänger. Die vielseitigen Übungen ermöglichen ganz leichtes, sinnerfassendes Lesen anhand von einfachen Silbenübungen zu jedem Buchstaben und vielen Lautverbindungen und ermöglichen das Lesen einfacher Sätze und kleiner Geschichten.*

FÖ

| | | | 1 2 |
|---|---|---|---|
| 64 Seiten | 10 652 | ab 14,99 € | |

---

**3.-5. Schuljahr** Wolfgang Krüger

# 120 Lese- und Schreibübungen

Stammbäume – Baumstämme

mit Wortfamilien

• Förderung der Rechtschreib-Entwicklung
• Auch zur gezielten Einzelförderung geeignet

*Wolfgang Krüger*

## 120 Lese- & Schreibübungen mit Wortfamilien

*1. Wörter vergleichen, den gemeinsamen Stamm markieren; 2. Wör in die Lückentext einsetzen, was sorgfältiges Lesen erfordert; 3. na nach Bausteinen gegliedert aufschreiben. Hierbei werden die Kinder dem Stammprinzip vertraut.*

FÖ INK PDF plus

| | | | |
|---|---|---|---|
| 128 Seiten | 10 748 | ab 21,49 € | |

---

**4. Schuljahr** U. Stolz & L.-S. Kohl

# Kreative Lesespiele

Spielerisch die Lesekompetenz verbessern

*Ulrike Stolz & Lynn-Sven Kohl*

## Kreative Lesespiele

*Kinderleichte Lese-Übungs-Spiele (Lese-Memory oder -Quartett), Ketten-, Blitz- & Reaktionslesen bis hin zu optischen Lesespielen, die in Einzel-, Partner- & Gruppenarbeit erfahren werden.*

| Klasse 1 | 10 751 | je 64 Seiten |
|---|---|---|
| Klasse 2 | 10 752 | |
| Klasse 3 | 10 753 | ab 14,99 € |
| Klasse 4 | 10 754 | |

FÖ BF

1 2 3 4

---

**Ab 7 Jahren** Michael Junga

# Augenrätsel zur Leseförderung

Stärkung der Lese- und Wahrnehmungsfähigkeit

*Michael Junga*

## Augenrätsel zur Leseförderung

*Verborgene Wörter in einem Buchstabengewimmel ausfindig zu mache fördert das sprachliche Denktraining und schult die visuelle Wahrnehmu In 16 Übungsvorlagen sollen die Kinder jeweils elf Wörter entdecken, m kieren und in eine Tabelle übertragen. Sie stärken damit ganz neben ihre sprachliche Denk- und Kombinationsfähigkeit sowie ihr Lesevermög Ausführliche Lösungen ermöglichen eine reibungslose Selbstkontrolle.*

FÖ INK

| | | | |
|---|---|---|---|
| 36 Seiten | 12 635 | ab 12,49 € | |

---

**Grundschule** U. Stolz & L.-S. Kohl

# Lesetraining konkret! anhand von Sachtexten

Sinnerfassendes Lesen anhand von Sachtexten

**3./4.** Schuljahr

*Ulrike Stolz & Lynn-Sven Kohl*

## Lesetraining konkret! anhand von Sachtexten

*Zentrales Ziel dieser Übungen ist es, die Kernaussagen eines Textes herauszuarbeiten. Diese Arbeitsblätter vermittelt Vorgehensweisen, wie man mit der jeweiligen Textart am besten arbeitet. So gibt es zu jeder Textart ein individuelles Anleitungsblatt, das Methoden bzw. Techniken zur Sinnerfassung erklärt. Je nach Klassenstufe wird unterstrichen, farbig sortiert, Stichpunkte herausgeschrieben, mit Zettel und Stift gearbeitet ...*

| je 48 Seiten | Klasse 1/2 | 11 229 | |
|---|---|---|---|
| | Klasse 3/4 | 11 230 | ab 11,99 € |

1 2 3 4

---

**3.-6. Schuljahr** Autorenteam Kohl-Verlag

# Lesetexte Herbstzeit

Texte in drei Niveaustufen

*Sabrina Hinrichs & Autorenteam Kohl-Verlag*

## Lesetexte Jahreszeiten

### Texte in drei Niveaustufen

*Motivierende und jahreszeitbezogene Texte, Geschichten fördern die Lesekompetenz. Die inhaltlich gleichen Vorlagen sind in drei Niveaustufen (grundlegendes Niveau, mittleres Niveau, erweitertes Niveau) verfasst und ermöglichen allen Lernenden das ihrem Leistungsvermögen entsprechende Textverstehen. Übungsaufgaben und Lernzielkontrollen schließen sich an die jeweiligen Lesetexte in verschiedenen Niveaustufen an.*

FÖ PDF plus

| 56 S. | Frühlingszeit | 11 736 | ab 13,49 € |
|---|---|---|---|
| 64 S. | Sommerzeit | 11 737 | ab 14,49 € |
| 64 S. | Herbstzeit | 11 733 | ab 13,49 € |
| 48 S. | Winterzeit | 11 734 | ab 13,49 € |
| 64 S. | Weihnachten | 11 823 | ab 14,49 € |
| 64 S. | Ostern | 12 809 | ab 14,99 € |

3 4

---

**4. Schuljahr** H. Hartmann & J. Tille-Koch

# LESETRAINING in drei Niveaustufen

Überarbeitete Neuauflage

**4** Differenzierung mit Selbstkontrolle

• Differenzierende Ausgaben
• Lesetexte und Aufgaben in drei Niveaustufen
• Eine Geschichte in 3 Varianten
• Mit Selbstkontrollmöglichkeit

*Horst Hartmann, Jürgen Tille-Koch & Autorenteam Kohl-Verlag*

## LESETRAINING in drei Niveaustufen

*Sinnerfassendes Lesen ist DIE Grundko petenz für erfolgreiches Lernen! Hier s differenzierende Lesetexte und Aufgaben drei Niveaustufen – jede Geschichte g es also in drei verschiedenen Schwie keitsvarianten (kürzere oder längere Sät geänderte Wortwahl, angepasster Schw rigkeitsgrad bei den gestellten Aufgab – je nach dem vorhandenen Leistungs mögen der Schüler*innen innerhalb ei Klasse/Gruppe. Dabei bleibt die Geschic inhaltlich stets gleich, sodass in der Kla differenziert gearbeitet werden kann trotzdem alle dasselbe Thema besprech können. Im Anschluss an jeden Text find sich abwechslungsreiche, alle den Bere „Lesen" unterstützende, niveaugerec Aufgaben (auch zu den Sekundärkom tenzen im Deutschunterricht). Dies gar tiert optimale Differenzierung und Indiv alisierung. Endlich Erleichterung für Sch und Lehrer!*

FÖ INK

| Klasse 1 | 16 701 | je 80 Seiten |
|---|---|---|
| Klasse 2 | 16 702 | |
| Klasse 3 | 16 703 | ab 17,49 € |
| Klasse 4 | 16 704 | |

---